腹筋DAY 100 WORKOUT

Training model
Satsuki Nakayama

シックスパックも腹筋の縦ラインも
誰にでも、もうある。
それはただ見えていないだけ。

うっすらと割れ、縦のラインが入った腹筋。自分には程遠いと思う人もいるかもしれませんが、実は誰にでも腹筋はあるのです。ただ脂肪に隠れてしまっているだけ。

そうした隠れた腹筋を出すために、１日１種目、１００日で１００種目の筋トレをするのが本書です。大きな筋肉を動かすことで、消費カロリーが大幅にアップして脂肪燃焼効果が高まるから。

１００日か……と思いましたよね。まずは１００日やりきろうと思わず、１日１種目をクリアして自信を積み重ねていくこと。できない日があっても、落ち込まずに再開すること。そして毎日自分のカラダを鏡でチェックしてください。「お腹まわりがすっきりしたな」と小さな変化を感じながら成功体験を積み重ねていくことが大事。さぁこれから始まる１００日トレーニング、ぜひ一緒に頑張っていきましょう。

腹筋プロデューサー　中屋和貴

Contents

How to use

1日1筋トレをただ行うだけの

#腹筋100日チャレンジ

正しい動き方をまずチェック。QRコードをスマホで読み込みましょう。

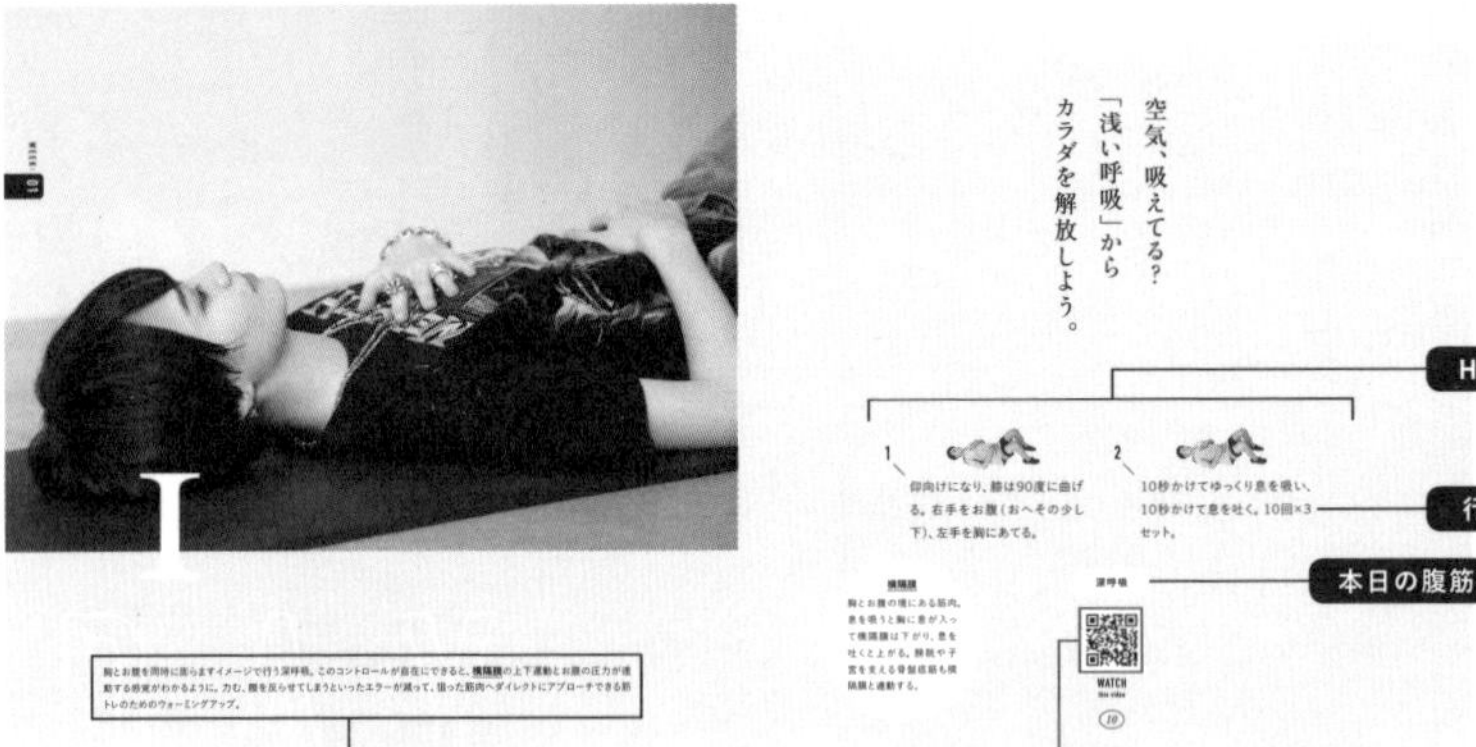

HOW TO

行う回数

本日の腹筋タイトル

今日、やるべき理由

100日トレーニングは、カラダの変化が感じられるようにメニューが組まれています。1日1筋トレだからこそ、今どうしてこのトレーニングを行うのか、理解しながら行うと、より効果が実感できるはずです。

QRコードで動画解説をCHECK

正しく筋トレを行うために、詳しい動作を解説しています。注意点も併せて確認していきましょう。

※本動画をご利用する際には別途通信料がかかります。通信料はお客様の負担となりますので、通信料定額等のサービスをご利用されていない場合はご注意ください。

100日後に、自分らしいキレイを更新しよう！

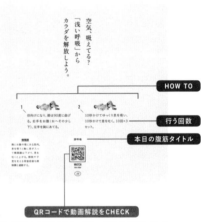

WEEK:01

＃腹筋100日チャレンジ

Target

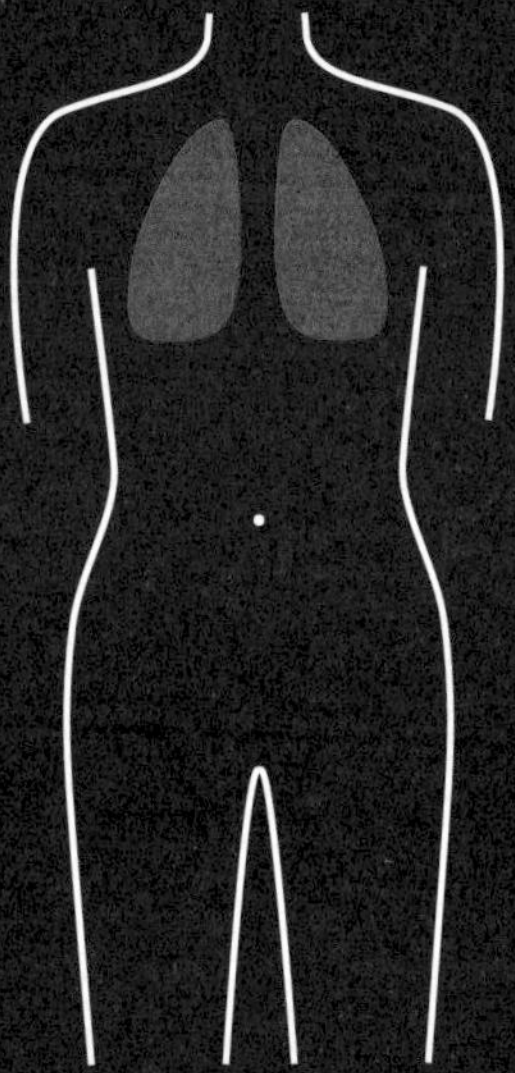

呼吸

1週目のテーマ「呼吸」は、筋トレの効果を高めてくれる重要なファクター。呼吸が正しくできるようになると、お腹の圧力（腹腔内圧）が高まるため、腰に力が入る、腰が反るといったことがなく安定し、腹筋を徹底的に狙ったトレーニングができる。「こんな簡単に？」と思うことも、やってみると難しい！

空気、吸えてる？
「浅い呼吸」から
カラダを解放しよう。

1

仰向けになり、膝は90度に曲げる。右手をお腹（おへその少し下）、左手を胸にあてる。

2

10秒かけてゆっくり息を吸い、10秒かけて息を吐く。10回×3セット。

横隔膜

胸とお腹の境にある筋肉。息を吸うと胸に息が入って横隔膜は下がり、息を吐くと上がる。膀胱や子宮を支える骨盤底筋も横隔膜と連動する。

深呼吸

WATCH
this video

I

胸とお腹を同時に膨らますイメージで行う深呼吸。このコントロールが自在にできると、横隔膜の上下運動とお腹の圧力が連動する感覚がわかるように。力む、腰を反らせてしまうといったエラーが減って、狙った筋肉へダイレクトにアプローチできる筋トレのためのウォーミングアップ。

「カラダ、目覚めよ」
深い呼吸で眠り続けていた筋肉を優しくノック。

1

仰向けになり、膝は90度に曲げる。肩や胸が上がってしまわないように胸（鎖骨の下）に手を置く。

2

両手で胸を押さえ込み、10秒かけてゆっくり息を吸い、10秒かけて息を吐く。10回×3セット。

肩上がり抑制《よくせい》呼吸

WATCH
this video

2 DAY

深く呼吸をしていると錯覚しがちなのが、肩や胸が上がってしまう呼吸。肩が上がってしまうのを手で抑制すると、お腹に圧力がかかってお腹の奥深く眠っていた筋肉が目覚める。ポイントは肋骨の下部を閉じること。肋骨を閉じると、アンダーバストが締まって見えるのでくびれをつくりやすい。

肋骨《ろっこつ》の下を閉じながら
呼吸をすると、
膨張《ぼうちょう》したカラダが
締まっていく感じ。

1

仰向けになり、膝は90度に曲げ、手のひらは肋骨下部の上に乗せる。

2

10秒かけてゆっくり息を吸い、10秒かけて息を吐く。吐くときは手で肋骨下部が閉じるのをアシストする。10回×3セット。

肋骨下部が開く

浅い呼吸や反り腰などが原因で、フレアスカートの裾のように肋骨下部がカラダの前側に開くように広がってしまう。

肋骨引き締め呼吸

WATCH
this video

3 DAY

サイドのラインを引き締める決め手ともいえる肋骨下部（ろっこつかぶ）。**肋骨下部が開いている**とアンダーバストからウエストあたりが広がって見えて寸胴（ずんどう）に。これこそがくびれ消滅の大きな要因。手のひらで肋骨の下部が閉じるのをアシストしながらの呼吸で、くびれを手に入れる準備を整える。

THURSDAY

天井を見上げて
呼吸だけに集中したら
カラダの中にコルセットが
あるのを知った。

1
仰向けになり、膝は90度に曲げ、手のひらはお腹に乗せる。大きく息を吸ってお腹を膨らませる。

2
お腹を凹ませながら10秒かけてゆっくり息を吐き、お腹を凹ませたまま10秒かけて息を吸う。10回×3セット。

ドローイン

直訳すると「引き締める」、「吸い込む」。呼吸によって腹部を凹ませることで、深部にある腹横筋の働きを強めるトレーニング。

ドローイン

WATCH
this video

DAY 4

お腹を思いっきり凹ませることを**ドローイン**と言います。実はこれ、くびれづくりのウォーミングアップのような呼吸。お腹を凹ませることで、腹筋のインナーマッスルである腹横筋がコルセットのようにぎゅっと締めてくれる。腹横筋を刺激して、目覚めさせ、使える感度をぐっと上げてくれる。

腹筋を使う＝
お腹を凹ませる？
いいえ。
お腹を膨らませたまま
腹筋を使うんです。

1

仰向けになり、膝は90度に曲げ、手のひらはお腹（おへその少し下）に乗せる。

2

お腹を膨らませながら10秒かけてゆっくり息を吸い、口をすぼめ、さらにお腹を膨らませたまま10秒かけて息を吐く。10回×3セット。

ブレーシング

呼吸とともにお腹を膨らませてお腹の圧力を高めるトレーニング。腹横筋が収縮することで、お腹のインナーに上蓋ができて腹圧が高まり、体幹が安定する。

ブレーシング

WATCH
this video

5

前日のドローインとは真逆の、お腹を膨らませながら呼吸をすることを**ブレーシング**と言う。腹圧が抜けないように、手をお腹にあてて呼吸をし、昨日目覚めさせたインナーマッスルにさらに刺激を与えてより意識を高めることができる。トレーニングをより効果的にし、パフォーマンスをアップしてくれる。

呼吸さえも難しい。
でも奥深い。
そう感じた瞬間こそが
カラダの変わり時。

1 仰向けになり、膝は90度に曲げて上げる。手は床と垂直になるように上げ、背中はぴったりと床につける。

2 10秒かけてゆっくり息を吸い、10秒かけて息を吐く。10回×3セット。

デッドバグ キープ

WATCH
this video

腹腔
横隔膜の下の部分で、胃や腸、肝臓など内臓が収められているお腹の中の空間のこと。そのまわりは筋肉の壁に覆われている。

手足を上げて呼吸をするのは、横隔膜と骨盤底筋群（膀胱や子宮を支える筋肉）を平行に保つため。つまりお腹の中に床と天井を作り、お腹の圧力を逃がさない。息を吸うと横隔膜が下がり、吐くと上がる。床と天井を平行にして呼吸を行うことで、**腹腔**（ふくくう）の内圧が安定してくびれやすいカラダの土台づくりになる。

今日でちょうど1週間。あなたは「腹圧」のコントロール力を手に入れた。

1

仰向けになり、膝は90度に曲げて上げる。手は床と垂直になるように上げ、背中はぴったりと床につける。息を大きく吸う。

2

息を吐きながら右手と左脚を5秒かけて伸ばしたら、さらに息を吐いて5秒かけて**1**に戻る。息を吸って反対も行う。10回×3セット。

腹圧とは

腹腔内の圧力のこと。圧力が高まることで、体幹を安定させてくれるので姿勢をキレイに保ったり、スポーツのパフォーマンスが上がったりする。

デッドバグ ダイアゴナルリーチ

WATCH
this video

6日目で**腹圧**を高める感覚を得たことを忘れずに、手足を対角線上に伸ばす動きをプラスしてレベルアップ。腕と太ももは床に対して垂直に上げた状態をキープしたままトライしてみて。腹圧を保ったまま手足を動かせたら、来週から始まる腹筋トレーニングの効果は一気に上がる!

Reach The 1 WEEKS

今まで知らなかった呼吸の価値を知った。心地いいカラダの緩みは人生初体験。

WEEK:02

Target

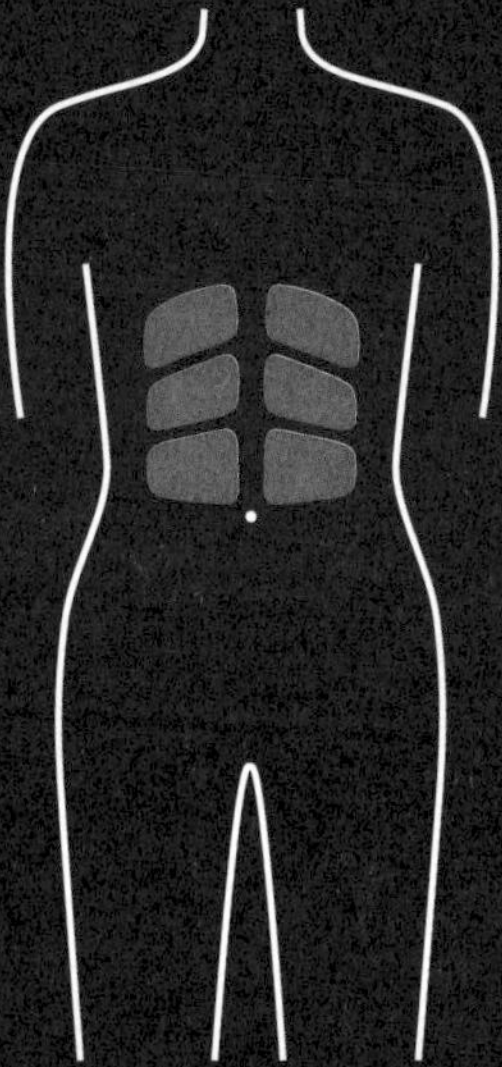

腹《ふく》直《ちょく》筋《きん》上《じょう》部《ぶ》

2週目は肋骨から骨盤あたりまでのお腹の前面部にある「腹直筋」の上部にアプローチ。6つに割れたたくましい腹筋ではなく、肋骨を閉じてスラッとしたラインを作ることと、大人っぽいお腹に見せる腹筋の縦ライン、“アブクラックス”をなんとしてでも手に入れたい。上部と下部を分けるのは、筋力が弱い女子でもトレーニングを行いやすいから。

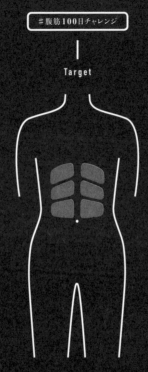

〝やった感〟や〝頑張った感〟よりも大切にしたいのは筋肉と対話する感覚。

1

床に座って膝は90度に曲げ、手は前へ伸ばす。息を吐ききりお腹を凹ませ、背中と腰は丸める。

2

5秒かけてカラダを倒し、肩が床についたら起き上がる。起き上がり方は自由。15回×3セット。

背骨1つ1つ

背骨は1本の骨ではなく、24個の小さな骨が連なっている。背中を一気に床につけるのではなく、椎骨1個1個を丁寧に床につける感覚でカラダを倒す。

リバースカールダウン アームリーチ

WATCH
this video

8

すばやく後ろに倒れるのは簡単！ でもここでは**背骨1つ1つ**を順にゆっくり床に下ろしていくイメージで。そのためにはお腹のど真ん中の筋肉を使わざるを得ないはず。やっとの思いで床に背中がついたら、起き上がり方は自由。自分で起き上がれるようになるのはもう少し先の話。

カラダの重み任せにしない。
コントロールできるのは
あなたの腹筋だけだから。

1
床に座って膝は90度に曲げ、手は胸の前でクロス。息を吐ききってお腹を凹ませ、背中と腰は丸める。

2
5秒かけてカラダを倒し、肩が床についたら起き上がる。起き上がり方は自由。15回×3セット。

リバースカールダウン アームクロス

腹直筋とは

お腹の前面にある平たくて長い筋肉で、浮き出るとシックスパックが見える。姿勢を保持する、上体を起こすのに必要。

WATCH
this video

手を前に伸ばした8日目のトレーニングから少しだけレベルアップ。手を胸の前でクロスするだけで、腹筋への効きは全然違う！ 前日の腹筋を使った感覚を思い出しながら、さらに今日も同じ部位に目をかけてあげる。すると脳はちゃんと反応して**腹直筋**を優しくも厳しく攻撃してくれる。

スタートから10日経過。いよいよ、筋肉痛がくる予感の腹筋がやってきた！

1

床に座って膝は90度に曲げ、耳の横でバンザイをする。息を吐ききってお腹を凹ませ、背中と腰を丸める。

2

手の重みを感じながら5秒かけてカラダを倒し、肩が床についたら起き上がる。起き上がり方は自由。15回×3セット。

リバースカールダウン バンザイ

WATCH
this video

リバースカールダウンの3日目は、さらに前日から強度アップ。バンザイをして後ろに倒れるので、思わず勢いよく後ろに倒れてしまうのを腹筋を収縮して耐えて。足で踏ん張りたくなってしまうので、つま先を少し上げて腹直筋を今日もいじめ抜いて!

どんどん増すキツさ。でも腹直筋への大きな刺激にカラダが喜んでいる。

1
仰向けになって膝は90度に曲げ、手は上に伸ばしてバンザイする。

2
胸を膝に近づけるイメージで、手の反動を使って上体を起こしたら腰と背中を丸めてゆっくりカラダを倒して**1**に戻る。15回×3セット。

シットアップ
脚を固定した状態で、カラダを起こすトレーニングのこと。自分の重みによって腹直筋の上の部分が鍛えられる。

シットアップ アームリーチ

WATCH
this video

昨日でリバースカールダウンはおしまい！ 今日からは、自分のお腹を使って自分で起き上がれる腹筋をつくるのが目標。腰は常に床につけることを意識して。最初のうちは手の反動を使って起き上がるのもよし。ただし、起き上がるときも倒すときも息は吐きながら行い、腹圧を意識しつつも息を止めないで。

誰でも知っている筋トレ。でも〝知っている〟のと〝正しくできる〟のは全然違う！

1

仰向けになって膝は90度に曲げ、手は胸の前でクロス。息を吐ききってお腹を凹ませる。

2

カラダを起こす。腰と背中を丸めてゆっくりカラダを倒して1に戻る。15回×3セット。

シットアップ　アームクロス

息を吐ききる

「これ以上もう吐く息がない！」というところまで息を吐く。それによって腹圧が高まって体幹が安定する。

WATCH
this video

12 DAY

シットアップも徐々に強度がアップ。手を胸の前でクロスするだけで、昨日よりぐんとキツいのを実感して。これが、多くの人が思い浮かべる腹筋の基本形。しっかり息を**吐ききってドローイン**をすれば脚が浮いたり、力まなかったりして、腹直筋の活躍で起き上がることができる。

小さくて地味な動きだって
焦らない、さぼらない。
成果は後から
必ずついてくる！

1
仰向けになって膝は90度に曲げて上げ、手は頭の後ろで抱える。息を吐ききってお腹を凹ませる。

2
肘を膝に近づけるイメージで、上体を起こす。15回×3セット。

ニートゥエルボークランチ

WATCH
this video

クランチとは

脚を床から離した姿勢のこと。この体勢から上体を持ち上げることで腹直筋を鍛えるのが腹筋の代表的なトレーニング。

クランチには収縮させるという意味があり、腹筋を収縮させながら、ニー（膝）にエルボー（肘）を近づけるトレーニング。あくまで肘を近づけるのが目的なので、膝は固定したまま、上半身を丸めて起こすのがコツ。手は頭を支える程度で、首を前に曲げすぎて膝と近い位置にするのはNG。

そろそろ見えてきた？
オトナなお腹のシルシ、
腹筋の縦すじ、
アブクラックス。

1

仰向けになって膝は90度に曲げて上げ、腕は真上に伸ばす。

2

腕を脚の方向に伸ばしながら上体を起こす。15回×3セット。

クランチ アームリーチ

WATCH
this video

2週目にして仕上げはあえて少しハードに。手を上げて行うクランチは反動を使えない分、今日までの努力が試される種目。膝を腕に近づけるのではなく、膝は固定して動かすのはあくまでも腹筋を使って上半身だけ。手で脚に触れる必要はないけれど、触れようとする意気込みは忘れないで。

Reach The 2 WEEKS

冬眠中だった腹筋たちががさごそ動き出した。これは刺激された好転反応に違いない。

WEEK:03

＃腹筋100日チャレンジ

Target

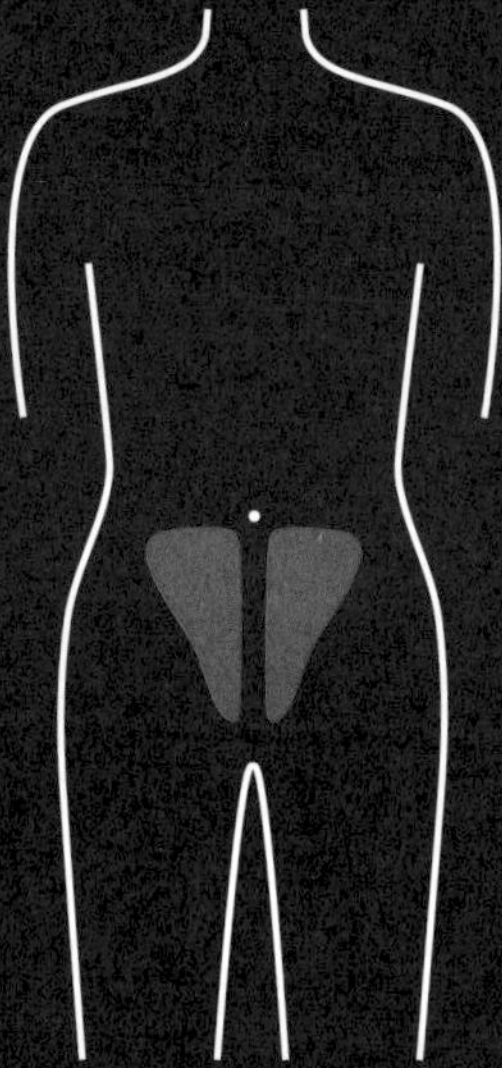

腹直筋《ふくちょくきん》下《か》部《ぶ》

2週目は腹直筋上部を攻略したので、今週は下部。これで腹直筋全体をアップデートできる。おへその下あたりをターゲットに集中トレーニング。ポイントは、骨盤と腹筋を連動させることで、下腹を狙い撃つ。お腹で突っかかったパンツやスカートが穿けなかった悲しい日々とさようならをする日が着々と近づいている。

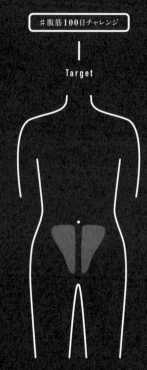

MONDAY

週の初日は
いきなり頑張らない。
ごろんとするだけ。
気楽に1週間を始める。

1
仰向けになり、膝は90度に曲げる。手は45度くらい広げ、手のひらは床につける。

2
膝を伸ばして脚を頭の上までもっていき20秒キープ×3セット。キツい人はつま先は床につかなくてもOK。呼吸は止めないように。

骨盤を後傾

骨盤を後ろに倒して腰を丸めた姿勢。この姿勢にすることで、腹直筋の下部をしっかり収縮させることができる。

バックロール ストレッチ

WATCH
this video

15 DAY

おへそから骨盤にかけての腹直筋下部だけを狙うには、**骨盤を後傾**にして腰を丸めること。そうすることで、腹直筋下部が収縮して、腹直筋下部だけを使う感覚が研ぎ澄まされる。3週目の初日はそのウォーミングアップ。姿勢が悪くて硬くなりやすい腰を丸めてじっくりストレッチ。

テレビを見ているときの CM中は腹筋タイム。これが私のライフハック。

1
床に座って膝は90度に曲げる。手はお尻の後ろにつき、指先は足の方向に向ける。

2
腰を丸めることを意識しながら膝を胸に引き寄せる。15回×3セット。

腸腰筋とは

背骨と脚のつけ根を結ぶ「大腰筋」と「小腰筋」、骨盤と脚のつけ根を結ぶ「腸骨筋」の総称。脚の引き上げや姿勢保持に重要な筋肉。

ニートゥチェスト 手つき

WATCH
this video

16

文字通り、ニー（膝）をチェスト（胸）に近づけるトレーニング。胸を膝に近づけるのではなく、上半身は固定してまま、膝を胸に引き寄せるのがポイント。脚を引き上げる動きは、背骨と骨盤をつなぎ、姿勢を整えるのに重要な**腸腰筋**も鍛えられるというおまけつき。

カラダに与え続ける
小さな刺激がやみつきに！
自分がアップデートした
サインかも。

1
床に座ってから肘を肩の真下につき、指先は足の方向に向ける。

2
腰を丸めることを意識しながら膝を胸に引きつける。15回×3セット。

ニートゥチェスト 肘つき

WATCH
this video

17 DAY

16日目の下腹部を収縮させる感覚と、脚を胸に引きつける感覚を継続したまま強度をアップ。肘を床について行うことで、腹筋を収縮させる距離が長くなるのでキツさが増すこと間違いなし。さらに上半身を倒していることで脚の重みを感じられるので、強度がぐんとアップ！

THURSDAY

自分で自分の脚を
持ち上げてみた。
思いのほか
重いことに気づいたとき
やる気スイッチが
ONになる。

1
仰向けになって膝は90度に曲げて上げ、手は45度程度開いて床につける。

2
手で床を押しながらお尻を上げたら**1**に戻る。15回×3セット。

リバースクランチ

仰向けになって腹筋を使って上体を起こすのがクランチ。その名の通り、上体を起こす腹筋とは反対（リバース）にお尻や腰を持ち上げる。

リバースクランチ 膝曲げ

WATCH
this video

18

リバースクランチは、いわゆる脚上げ腹筋で、両脚を上半身に近づけていく動きをするのが基本。しっかりお尻を持ち上げて。脚を上げるときは肩に力が入りすぎないようにすることで、腹直筋下部を収縮させて行えてエラーを減らせる。

思わず「ううっ」と声が漏れる。息が止まりそうなくらい真剣勝負のトレーニング。

1

仰向けになって手は45度程度に広げ床につける。脚は天井に向けてまっすぐ上げる。

2

手で床を押しながらお尻を上げたら床につくギリギリまで脚を下ろしてから**1**の姿勢に戻る。15回×3セット。

息を吐く

息をしっかり吐くことで、腹圧が高まって体幹が安定。脚を下ろすときに、脚の重みで腰が反ってしまうのを防いでくれる。

リバースクランチ 膝伸ばし

WATCH
this video

19 DAY

脚を上げるのもキツいけれど、自分の脚の重さを感じながら脚を下げるほうがもっとキツい！「私の腹直筋下部、頑張れー」と自分で自分を励ましつつも、脚の重さに負けないようにゆっくり戻すことで効き目は抜群。キツさのあまりに呼吸を止めないで。脚を下ろすときは**息をしっかり吐く**。

無我夢中で
ペダルを漕ぎまくったら、
爽快感あふれる
1日のスタート。

1

床に座ってから肘を肩の真下につき、指先は足の方向に向ける。脚を床から浮かす。

2

腰を丸め、膝を左右交互に胸に引きつける。脚を浮かしたまま、まっすぐ伸ばす（蹴る）を繰り返す。左右交互30回×3セット。

腰が痛い理由

腹筋運動で腰が痛くなるのは、腹筋の力を使わずに、腰を反ることで動きの代償をしてしまうから。腰を床につけて反らせないこと。

バイシクル 肘つき

WATCH
this video

しっかりと腰を床にぴったりとつけることで、腰が反ってしまうのを阻止！ 脚上げ系の腹筋で、**「腰にくる」という人**は、床に腰をしっかりつけることを意識して。腰が反らなくなれば、ダイレクトに腹筋に効いて腰が反ったり痛くなったりするのを防げる。

切れ味抜群の
ハサミのように
スムーズに動かせたら、
ワンサイズダウンも
夢じゃない。

1

床に座ってから肘を肩の真下につき、指先は足の方向に向ける。腰を丸め、脚を床から浮かす。

2

脚の重みを感じながら、ハサミのように脚を上下に動かす。左右交互30回×3セット。

シザース

腹直筋の下部で脚をコントロールしながらハサミのように脚をクロスしたり、縦に動かしたりすること。

縦シザース 肘つき

WATCH
this video

3週目の仕上げともなれば、どんどんキツくなるのは言うまでもない。脚を浮かせた状態で脚の重みを感じながらバタ足を。腰をしっかり床につけて行えば腹直筋下部に直撃! 小気味よくハサミで裁く感じで、3セットできれば、あなたの腹筋力はこの1週間で見違えるほど強くなった証拠。

ウエストカーブを作るなら腹横筋と腹斜筋を攻める

お腹を板チョコのように割ったり、縦のすじを作ったりする腹直筋。お腹の真ん中に縦長にある筋肉です。腹直筋は縦方向の繊維の筋肉なので、これだけを鍛えても残念ながらくびれはできません。

くびれには、お腹の前後左右から覆う「腹横筋」とお腹のサイドにある「腹斜筋」へのアプローチが重要です。

腹横筋は、内臓をコルセットのように包み、腹筋の中でも唯一横に繊維が走っています。呼吸によって腹横筋が広がったり、閉まったりしてくびれを作ります。

そしてもう1つ、腹筋のサイドに斜めに走る腹斜筋もくびれには欠かせません。カラダをねじる動きで活性化する筋肉です。肋骨にくっついているこの筋肉を鍛えることで、開いてしまった肋骨をしっかり閉じてくれるため、アンダーバストの幅が狭くなってくびれるのです。

WEEK：04

＃腹筋100日チャレンジ

Target

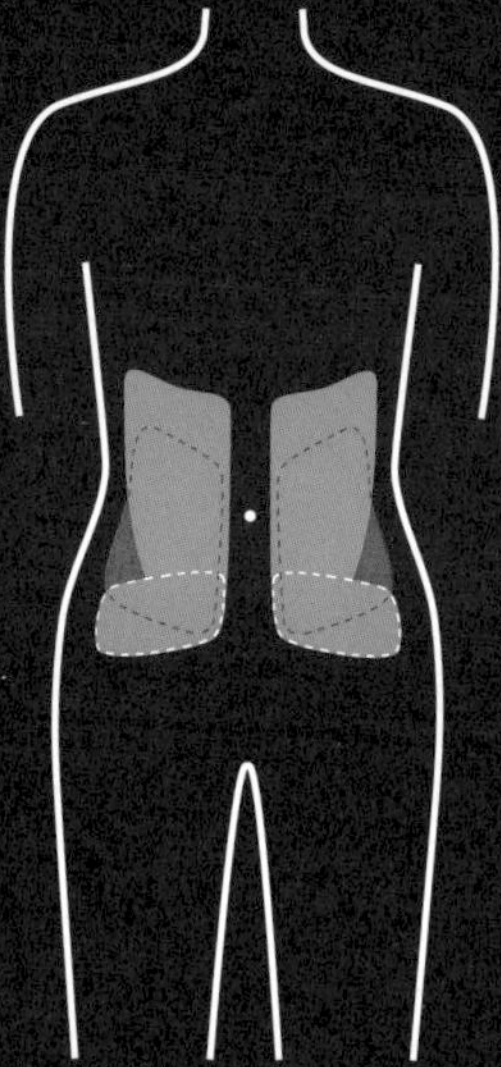

腹横筋《ふくおうきん》
腹斜筋《ふくしゃきん》

今週からはサイドの腹筋にフォーカスして「くびれ作り」週間がスタート。サイドの筋肉は3層になっていて、いちばん深層にあってコルセットのように横からカラダを支える腹横筋は呼吸によってスイッチが入る。その上に斜めに走る内腹斜筋、さらにその上が肋骨と同じ向きに走る外腹斜筋。3つを鍛えることでキュッと締まったウエストも夢じゃない！

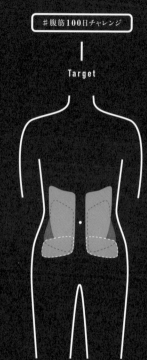

雑巾《ぞうきん》になった気分で
カラダをねじれるだけ
ねじったら
間違いなく細くなる。

1

床に座って膝は90度に曲げ、腕は前へ伸ばす。息を吐いてカラダを丸め込んで右にひねる。

2

カラダを後ろにゆっくり倒し、肩が床についたら起き上がる。起き上がり方は自由。左右各15回×3セット。

ツイストリバースカールダウン アームリーチ

WATCH
this video

ツイスト

カラダをねじること。骨盤からはねじれる角度が小さいので、腹筋サイドを鍛える場合は胸からねじるのが正解。

DAY 22

ツイスト、つまりねじりの動きが入った初トレーニング。ねじりが入るだけで、カールダウンの動きは圧倒的に不安定になる。この不安定さを手放せたら、次のステージが待っている。上体の丸め込みとひねりを最大限に行うことで、カーヴィーなボディラインへ近づく。

昨日より今日、今日より明日と頑張り続ける自分は嫌いじゃない。

1
床に座って膝は90度に曲げ、手は胸の前でクロス。息を吐いてカラダを丸め込んで右にひねる。

2
カラダを後ろにゆっくり倒し、肩が床についたら起き上がる。起き上がり方は自由。左右各15回×3セット。

ツイストリバースカールダウン アームクロス

内・外腹斜筋

お腹を斜めに走る筋肉が腹斜筋で、内臓を脇腹から支える。表層にあるのが外腹斜筋、その奥の深層部にあるのが内腹斜筋。

WATCH
this video

23 DAY

手を伸ばす姿勢から手をクロスして強度を高めて脇腹をぐいぐい攻める。ツイストは、ねじっている側の**内腹斜筋**（ないふくしゃきん）と反対側の**外腹斜筋**（がいふくしゃきん）にアプローチ。ぎゅっとねじってからゆっくりカラダを倒すことが何よりも大切。脇腹が収縮して後半ツラくなってくるのをぜひ楽しんで。

お腹のフロントと
サイドへのダブルパンチで
刺激的な1日になりそう。

1

床に座って膝は90度に曲げ、腕は前へ伸ばす。息を吐いてカラダを丸め込んで右にひねる。

2

カラダを後ろにゆっくり倒し、肩が床についたら手を正面に戻しながら起き上がる。左右各30回×3 セット。

ゆっくり戻す

腹筋運動の際に、カラダを起こすときは、勢いではなく、ゆっくり戻すことで腹直筋にしっかり力が入って負荷が高まる。

ツイストシットアップ アームリーチ

WATCH
this video

DAY 24

カラダを倒すより起こすほうが断然、腹筋には力が入る。はずしてはならないポイントは、上体の丸め込みとひねりを最大限に行うことで、腹斜筋にバンバン刺激が入ること！ カラダを倒して**体勢を戻すときは、ゆっくりと**。ここで問われるのは、今週の前半で培った、カラダを安定できるコントロール力。

腹筋がギュッと縮まる感覚、
もう無意識に
できるでしょ!?
この本の¼をやりきった
あなたなのだから。

1

床に座って膝は90度に曲げ、腕は胸の前でクロス。息を吐いてカラダを丸め込んで右にひねる。

2

カラダを後ろにゆっくり倒し、肩が床についたら正面に戻しながら起き上がる。左右30回×3セット。

ツイストシットアップ アームクロス

WATCH
this video

2 DAY

前日同様のシットアップだけど、胸の前で手をクロスしてカラダをひねることで、脇腹への効きがアップ。3セット目には、なかなかカラダを起こせなくて、脚が上がってしまうことも。そんなときは、人に足を押さえてもらいながらでもOK。お腹を凹ませて上体を持ち上げながらひねることだけは忘れずに。

FRIDAY

くびれの兆《きざ》しが
見えてきたら
カラダのラインを拾う
洋服を迷わず選びたい。

1

床に座って膝は90度に曲げ、手は胸の前でクロス。上体を後ろに倒していちばんキツいところでキープ。

2

胸を左右交互にひねる。30回×3セット。

足を少し上げる

足を少し床から浮かした体勢をキープするために必要なのは、腹直筋に力を入れること。足を上げるだけでキツくなる。

ロシアンツイスト

WATCH
this video

2〜3週で手に入れた腹直筋のパワーを使って姿勢をキープするところからスタート。ねじるときは、胸から回し、ねじったほうと反対の肩までねじりきる！ 腕だけ回してしまうとラクだけれど、くびれは遠のく。もしも、もしも余力があれば、**足を少し上げれば**強度がアップ。

細い、華奢《きゃしゃ》なボディが
美しいとは限らない。
強い美しさだって
誉めたたえたい。

1
仰向けになり、膝は90度に曲げる。肩甲骨が浮く程度に上体を起こす。

2
右手で右のかかとを、左手で左のかかとをタッチ。左右交互30回×3セット。

ヒールタッチ

かかとを触る動作。寝姿勢からかかとを触るには、上体をしっかりと「くの字」に曲げなければならず、腹筋を使わざるを得ない。

サイドベント 仰向けヒールタッチ

WATCH
this video

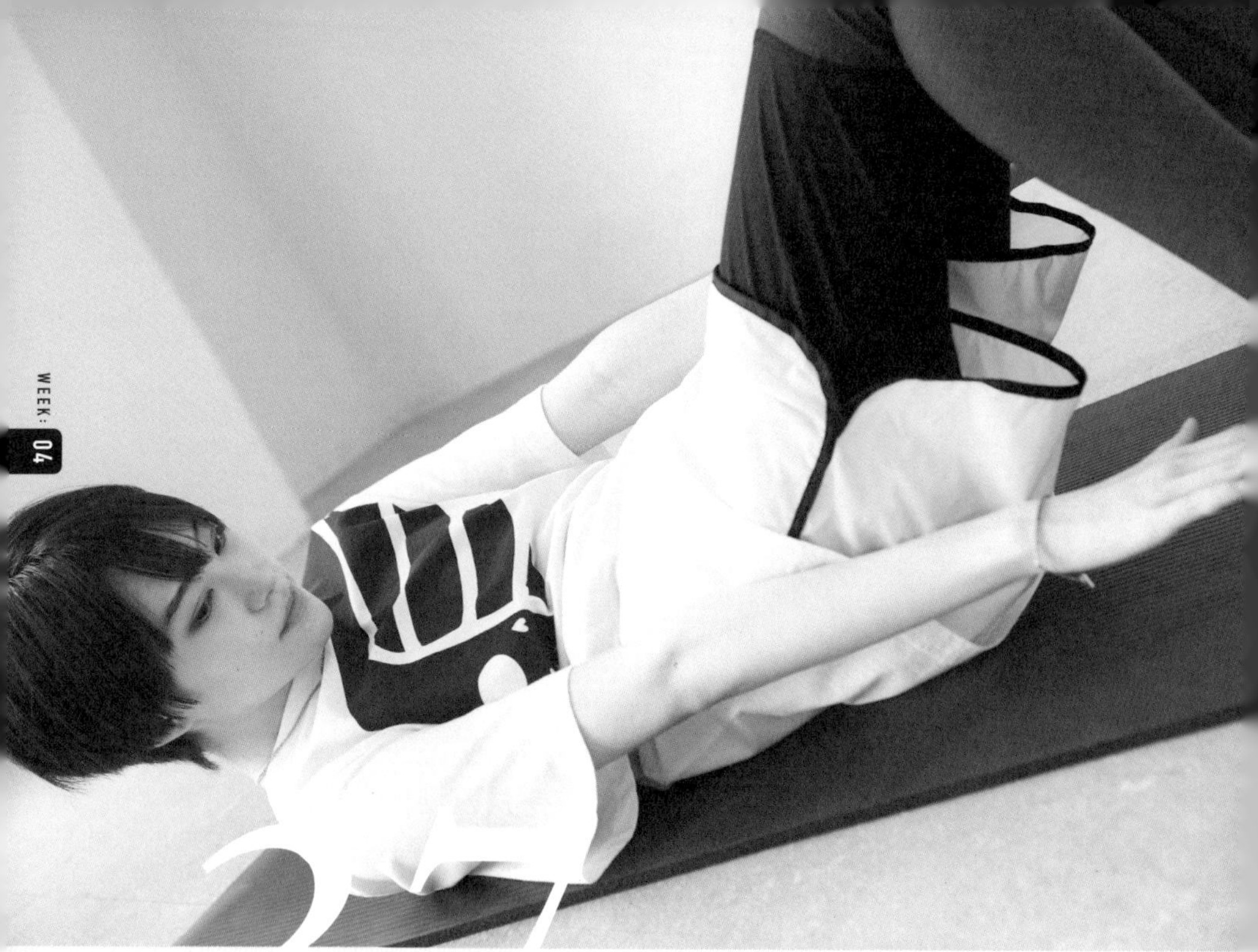

前日の腹直筋に力を入れた状態で、脇腹を使って2部位鍛えられるトレーニング。あごをしっかり引いておへそを見るようにすると、腹直筋へのキツさを実感。**ヒールタッチ**のときは、足を近づけず脇腹を縮ませて自力でかかとを触りにいく。

脇腹の縮みが自由自在にできたらサイドラインは完成に近づいている。

1

右肩を下にして横になり、膝は90度に曲げる。右手はカラダの前に、左手は頭の後ろに置く。

2

右手で床を押しながら左肘を左膝に近づけるようにカラダを起こす。左右各15回×3セット。

サイドクランチ 肘つき

腹斜筋

お腹のサイドを斜めに走る筋肉で、表層にある外腹斜筋とその深層にある内腹斜筋の2種類がある。

WATCH
this video

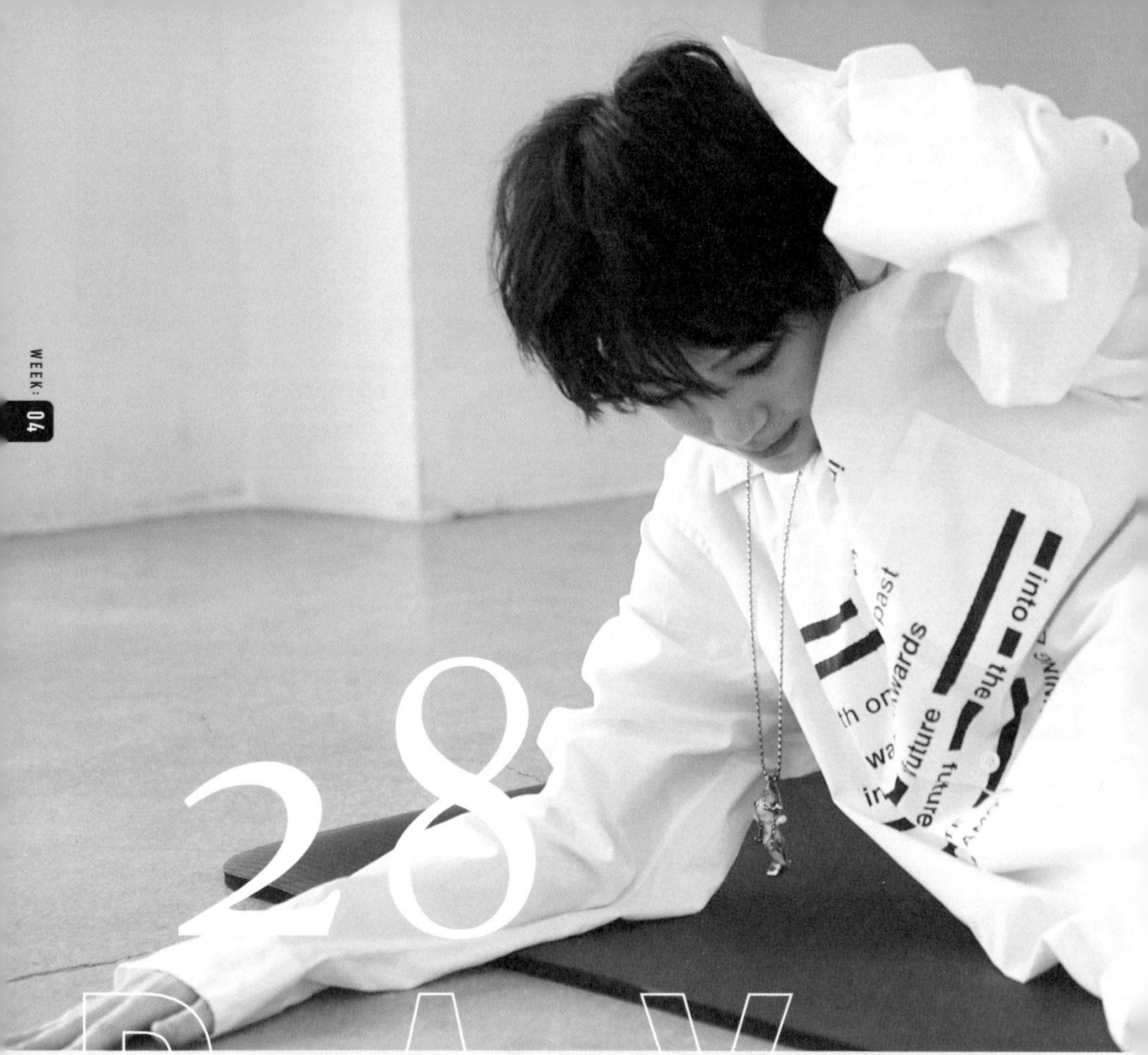

28 DAY

脇腹トレーニングの最終日は、難易度を上げてカラダを横にした体勢でスタート。骨盤が後ろに倒れないように、床と垂直になるようにして脇腹を使って起き上がる！ 腹直筋よりパワーが弱めの**腹斜筋**（ふくしゃきん）で起き上がるのは結構キツい。カラダを起こすというよりは脇腹を縮めるイメージで。

Reach The 4 WEEKS

さぁ、これで1カ月続いた。頑張れてる自分に、こっそりガッツポーズ

WEEK:05

＃腹筋100日チャレンジ

Target

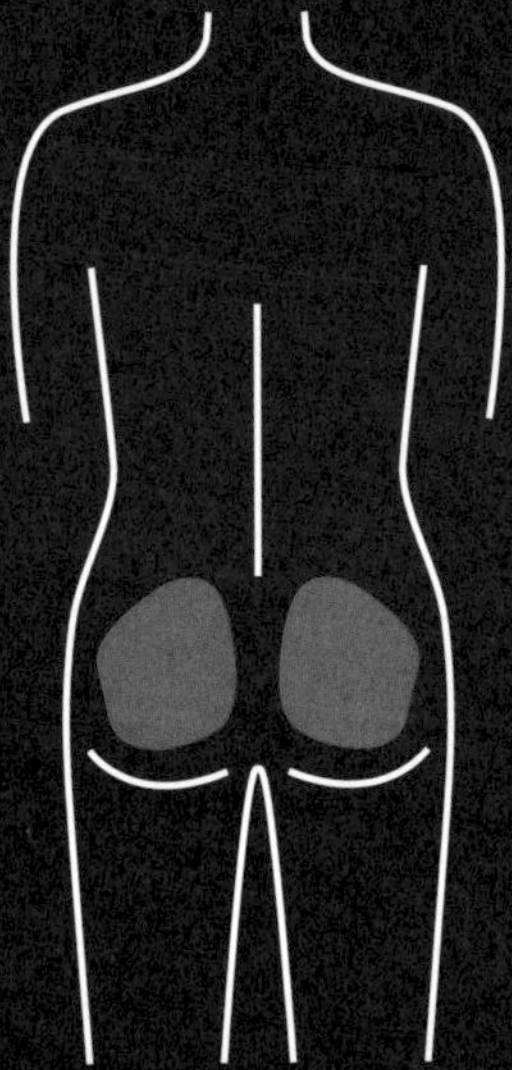

大《だい》臀《でん》筋《きん》

お尻の表層部にある中でも最も大きな筋肉で、お尻の形を決めるといっても過言ではない。鍛えていなければ加齢とともに横に広がったお尻になるのは当然のこと。お尻の筋肉を使って歩けるようになるカラダを目指し、大臀筋にスイッチを入れる。

頼れるのはやっぱり定番
年齢不詳の
ヒップラインをつくる
ウォーミングアップ。

1

仰向けになり、かかとは膝の真下に置く。手は45度に開いて床につける。

2

お尻を締めながら、膝から肩までが一直線になるようにお尻を上げたら下ろす。15回×3セット。

ヒップリフト

お尻を持ち上げるトレーニング。腰を反らすとお尻に効かず、腰痛のリスクも。ここではお尻の力だけで持ち上げる。

ヒップリフト 両足

WATCH
this video

20

お尻のエクササイズの定番ともいえる**ヒップリフト**。お尻を上げるだけで一見簡単に思えるが、実は正しくできない人が多い。特に多いのが、お尻を上げるときに腰を反らせてしまうことと、お尻を上げきれず前ももに効いてしまうこと。お尻を締めてお尻の力でカラダを上げることを意識して。

TUESDAY

今日は片脚での
ヒップリフトに挑戦。
ビリビリくる刺激こそ
美尻の通り道。

1

仰向けになり、かかとは膝の真下に置く。両手で右膝を抱える。

2

左足で床を押しながら、肩から膝までが一直線になるようにお尻を上げたら下ろす。左右各15回×3セット。

腰を反らさない

お腹を上に突き出し、腰を反ることでも似たような姿勢を作れる。しかしこれだと、お尻ではなく前もものトレーニングになってしまう。

ヒップリフト 片膝抱え

WATCH
this video

20

片脚でお尻を持ち上げるので、お尻の筋肉への負荷は前日の倍に。膝を抱えることで骨盤を後傾させられるので、**腰を反らさずに**、しっかりお尻で持ち上げる感覚が研ぎ澄まされる。その分キツさはプラス。これこそが美尻へ近づく過程。

まるでカエルのように
軽やかに。
コンプレックスなんて
飛び越えろ！

1 うつ伏せになり、両手はあごの下に置く。両足の裏はくっつける。

2 足を天井に突き上げるようにして膝を持ち上げて下ろす。15回×3セット。

フロッグリフト

WATCH
this video

真上の方に

くっつけた脚の裏を、つい自分のお尻の方に引きつけてしまいがち。足は天井へ突き上げる意識で行う。

21

まるでカエルのような格好で、お尻で脚を上げるトレーニング。簡単に見えるけれど地味にキツい！ お尻の外側にもピリッと効き、お尻の筋肉を目覚めさせてくれる種目。脚を上げすぎて腰を反らさないように。脚は尻力だけで**真上の方に**上げてこそ、ヒップアップの効果が現れる。

お尻と太ももの
ボーダーラインができれば
スキニーデニムも怖くない。

1
腕と太ももが床から垂直になるように四つ這いになる。

2
床と平行になるくらいまで左脚を蹴り上げる。左右各15回×3セット。

キックバック

両手と両膝をつき、脚を後ろに蹴り上げる。お尻の上部を鍛える。脚を平行になるまで上げるのがポイント。

キックバック 四つ這い

WATCH
this video

22

お尻筋トレの定番ともいえる**キックバック**。脚を上げれば上げるほどお尻に効きそうな気がするけど、それは大きな間違い。腰を反らないように、お尻の筋肉がギュッと縮まるところまで蹴り上げる。この動作の最中は、体重は手足に均等にかけ、腕や脚などが前後にズレないように。

スクワットで前ももだけが
ツライなんて論外！
そんなあなたに
お尻を使う感覚を
教えてあげる。

1
膝立ちになり、手を骨盤にあてる。

2
胸を張ってお尻を後ろに突き出しながらお尻をかかとに近づけたら1に戻る。20回×3セット。

股関節

骨盤と太ももの骨のつなぎ目で上半身の重みを支え、お尻のさまざまな筋肉を従えて下半身の動きをコントロールする関節。

ヒップヒンジ 膝つき

WATCH
this video

スクワットの腰を落とす動作だけを切り取ったトレーニング。「お尻に効かせながら腰を落とす動きだけ」とシンプルタスクなのでエラーは起こりにくい。お尻とかかとが近づく時、**股関節**に指を挟み込めれば正解。股関節が動くということは、お尻が使えているということになる。

王道だからこそ
アレンジは不要。
確実さと正確さだけを
追求する。

1

脚は肩幅よりやや広めに開き、つま先もやや外側に開く。胸の前で手をクロスさせ、胸を張る。

2

膝とつま先が同じ方向に向いていることを確認。お尻を後ろに引きながらしゃがみ、立ち上がる。20回×3セット。

スクワット

下半身の大きな筋肉を鍛えるのに最も有名なトレーニング。誤ったフォームになりやすいので、膝やつま先の向き、お尻をしっかり引くことに注意して。

スクワット

WATCH
this video

24

筋トレの王道というべきトレーニング。なのに失敗が多く、前ももやすねに効いてしまうというエラーが多発。前日に学んだお尻を使ってしゃがむ、立つの動き再現しつつ、膝が内に入ったり、極端に前に出てしまったりしないことに気をつければ、お尻1点集中の**スクワット**ができる!

■↓●
四角いお尻を丸に追い込む。

1
右脚を大きく一歩前に出し、すねは床と垂直にして体重を乗せ、上体は軽く前傾させ、手は胸の前でクロス。

2
胸を張り、前脚に重心をかけながらお尻を後ろに引いてしゃがんだら1の姿勢に戻る。左右各15回×3セット。

上半身の前傾

上半身を前に倒した姿勢。この姿勢により前脚に重心が乗りやすく、お尻の筋肉を使ってトレーニングができる。

スプリットスクワット

WATCH
this video

DAY 35

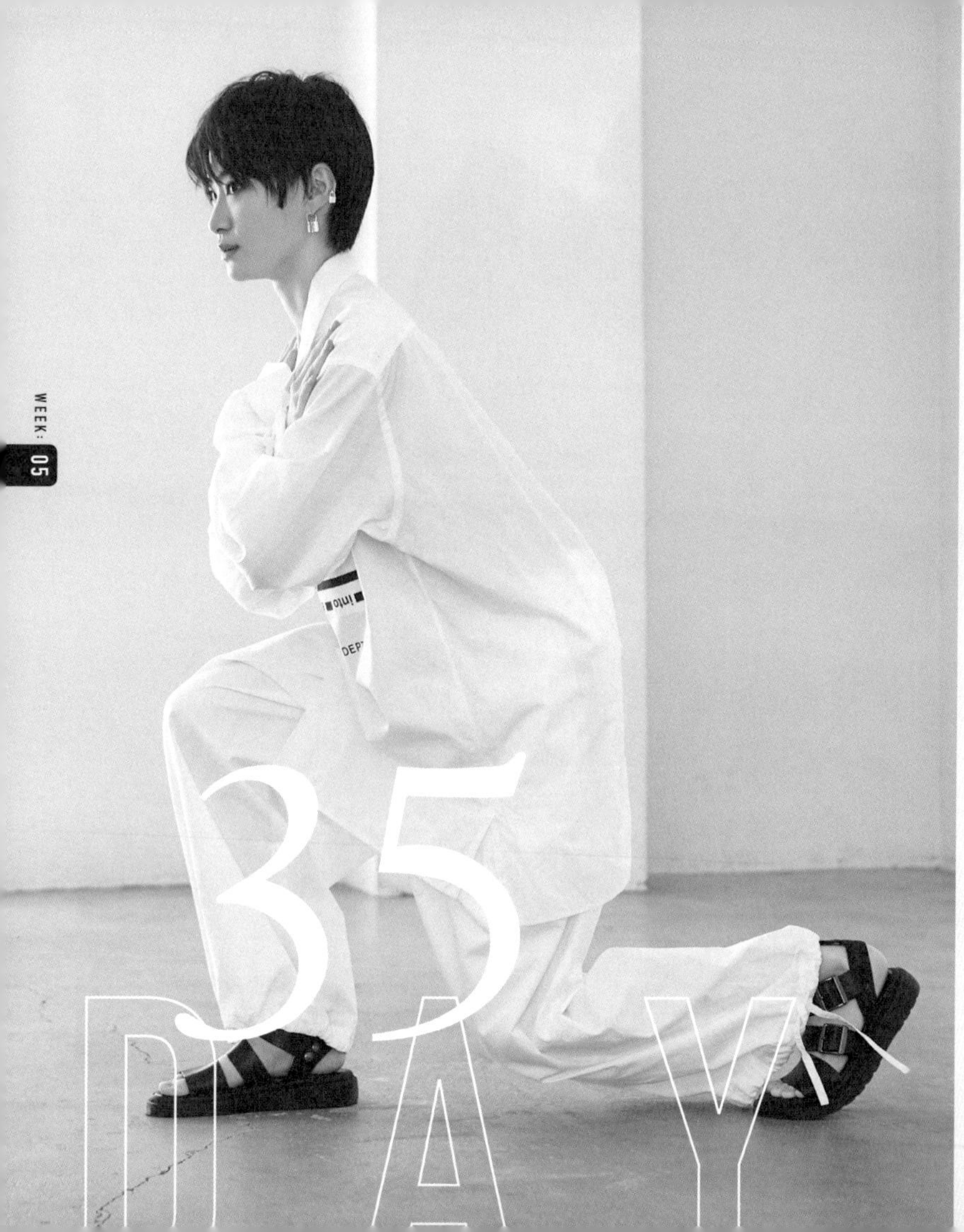

脚を前後に開いた状態で屈伸を繰り返すスプリットスクワット。つい後ろ脚に体重が乗ってしまい、前に出した脚の前ももに効いてパンプアップなんてことにならないように。体重は常に前の軸足に乗せること。そのためには**上半身の前傾**が必須。元の姿勢に戻るときは真上に上がる感覚で。

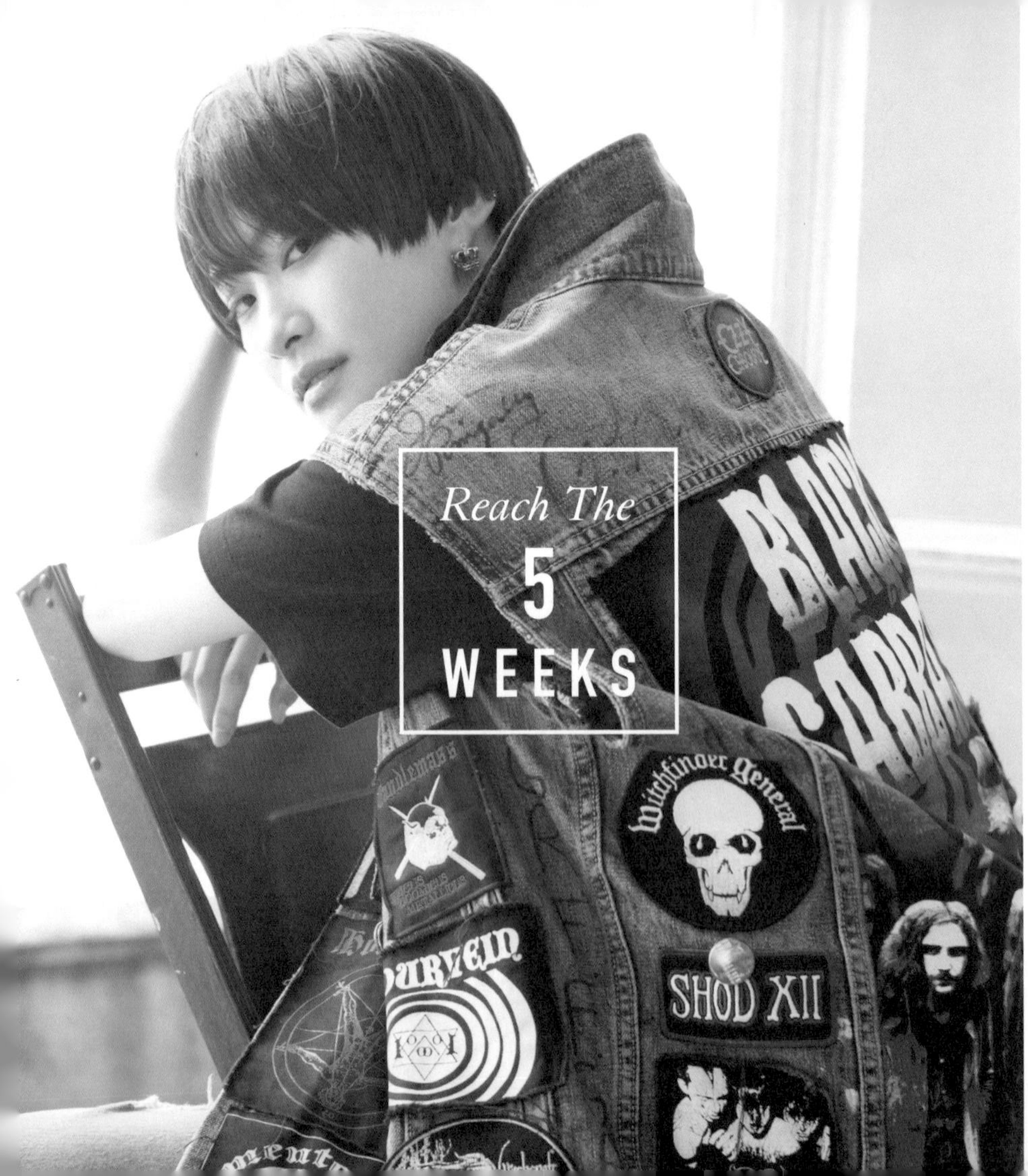

Reach The 5 WEEKS

コンプレックスが自信に変わる。そんな日が来るなんて思ってもいなかった。

WEEK:06

＃腹筋100日チャレンジ

Target

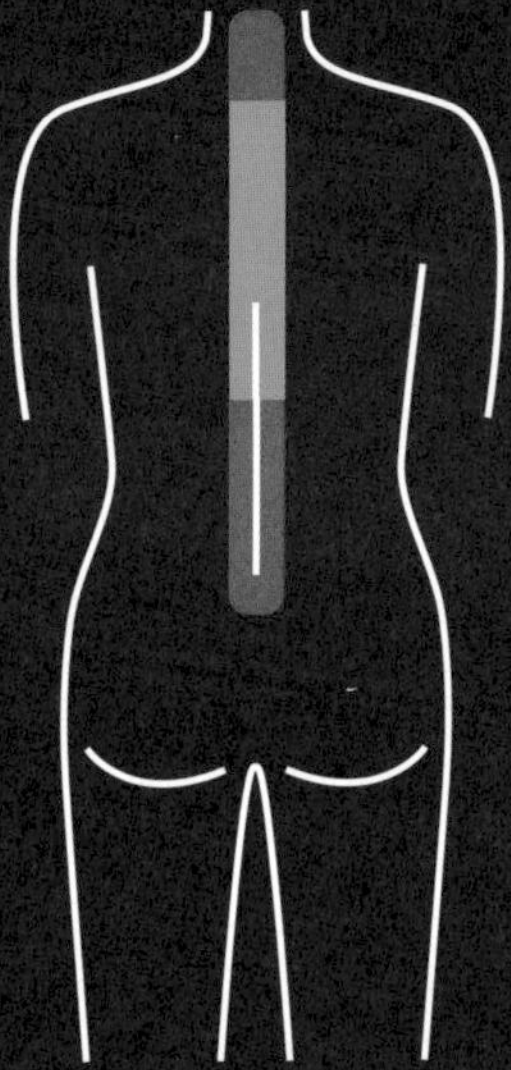

背骨《せぼね》
胸椎《きょうつい》

6週目は腹筋から離れ、気分を変えて背骨にアプローチ。背骨は1本の骨ではなく、7個の頸椎、12個の胸椎、5個の腰椎が連なっている。中でもいちばんよく動く胸椎のストレッチを。ねじったり反ったりして可動域が上がると、まわりの筋肉を使いやすくなるので、筋トレの効果は上がる、姿勢が整う、代謝は上がるといいことばかり。

肩をすくめて背中を丸め、下ばかり見ているあなたが自信に満ちた姿勢に変わる。

1

壁の真横に立ち、右肘を肩より少し高い位置で壁につける。手の甲を壁につける。つま先は45度程度開く。

2

腕の位置はそのままで、肩を前へ押し出してカラダを左にひねる。20秒キープ×3セット。

大胸筋

胸の前に平べったく広がる大きな筋肉。肩がカラダの前側に巻いて猫背で前かがみの姿勢になると、この筋肉が硬くなる。

大胸筋ストレッチ

WATCH
this video

36

胸を覆うように平たく広がっているのが**大胸筋**。肩が前に丸まるような悪い姿勢を続けていると硬くなってしまう。背中の筋肉も引っ張られて背骨の動きが不自由に。手の甲を壁につけて肩を外にねじることがポイントで、腕の付け根あたりがしっかりストレッチされる。

背骨は串、あなたは焼き鳥。そんな気分で胸をぐるぐる回す。

1

正座をし、手のひらを下にして両腕を前へ伸ばす。

2

右肘は後ろに引き、左手は前へ突き出す。これを交互に行う。胸だけを回す意識で。左右交互30回×3セット。

胸椎

背骨を形成する骨で、首の下から腰の上あたりまで12個の小さな骨が積み重なっている。ここの動きがいいと背中全体の筋肉の動きもよくなる。

ローイング＆ローテーション

WATCH
this video

DAY 37

頭から骨盤までが串刺しになったイメージで、骨盤は動かさずに**胸椎**を軸にしてカラダを回す。すると胸椎のまわりの硬くなった背中の筋肉がほぐれていくのを実感。腕を押す、引くができればオートマチックに胸椎が動く。肘を引くときは脇腹を擦るような感じで。

背面がカッコイイ人は、Tシャツがよく似合う。

1

脚は肩幅に開き、胸を張ってお尻を後ろに引いて頭からお尻まで一直線になるような姿勢をとる。両腕は肩の高さで広げる。

2

右腕が前、左腕が後ろにくるように胸を回す。これを左右連続で行う。左右交互30回×3セット。

水平ローテーション パワーポジション

WATCH
this video

DAY 38

37日目の背骨を串に見立てて胸椎を回す感覚を確認しながら、上体を倒した姿勢で行うので難易度がアップ。背中が丸まったり、骨盤が回ったりすると、胸椎が動く範囲が狭くなってしまうので注意。頭から骨盤まではまっすぐキープし、最大限、胸を回すことを意識して。

折りたたんだカラダを思いっきり開いてみたらカラダとココロが軽やかになる。

1

右肩を下にして横になり、膝は90度に曲げて、腕はカラダと90度になるように伸ばして手のひらを合わせる。

2

左手の指先を遠くに伸ばしながら、胸椎を軸にして胸と腕を広げたら1に戻る。左右各10回×3セット。

90 / 90

体幹部と腕、股関節、膝のすべての角度が90度になっていることから命名された、といわれているストレッチ。

90 / 90

WATCH
this video

WEEK: 06

39 DAY

パソコンやスマホに夢中になりすぎてすっかり丸くなった背骨。みぞおちの裏あたりが詰まった感じがするのは、本来なら反ったりひねったりできるはずの胸椎の部分が動きにくくなっているから。胸を開きながら腕の重みを使って胸椎をねじると、筋肉がほぐされてコリ感から解放される。

右ねじり、左ねじり。
背骨がしゅっと伸びやすく
見返り美人になっていく。

1

四つ這いになる。肩の下に腕、骨盤の下に膝がくるように。右手を脇の下からカラダの左側に出して胸椎をねじる。

2

右手を天井に向けて伸ばしながら胸を開いたら1に戻る。左右各10回×3セット。

四つ這いローテーション

WATCH
this video

40

頭から骨盤まで串刺しになったつもりで、手を上げ下げして胸椎を回す。四つ這いで腕を動かすためカラダが不安定になりやすいので、両脚に均等に体重を乗せるとバランスが整う。目線は指先を追って。胸椎が回旋する感覚が手に取るようにわかるから。

世界で最も偉大なストレッチ。全然動かなかった背中が少しずつ思うがままになってきた！

1

左脚を前にして脚を前後に大きく開く。左脚の両側に手をつく。右膝を床から浮かせ、頭からかかとまで一直線になるように。

2

左手を天井に向けて伸ばしながら胸を左に回す。右手は床を押す。左右各10×3セット。

ワールドグレイテストストレッチ

WATCH
this video

胸椎を回す動きがメインではあるものの、脚を前後に開く姿勢で行うことで股関節まわりのストレッチも同時にできてしまう。さらに片腕を上げるので、重心を安定させるコントロール力も必要に。胸椎を動かしつつも、体幹までもが鍛えられて姿勢を整えるのに最適なストレッチ。

体幹トレは
腕で頑張らない!
腹筋を使って耐える。

1

肩の真下に手をついて肘は伸ばし、頭からかかとまで一直線になるようにプッシュアップのスタートの姿勢をとる。

2

胸を回しながら、左手を天井に突き上げるように伸ばす。左右交互10回×3セット。

プッシュアップ

プッシュアップとは腕立て伏せのこと。腕の曲げ伸ばしを繰り返すのは難しい人も、この姿勢のキープなら正しくできるはず。腰が落ちないように。

プッシュアップローテーション

WATCH
this video

DAY 42

プッシュアップの姿勢から背骨をグリッと回す。3週目までに鍛えた腹筋も頑張りどころで、難易度はかなり高い。手は床と垂直になるくらいまで上げると、胸椎をねじることができる。このとき、頭からかかとまで一直線になるように。

自分にＯＫを出せること。これって精神衛生上、かなり重要だと思う。

WEEK:07

＃腹筋100日チャレンジ

Target

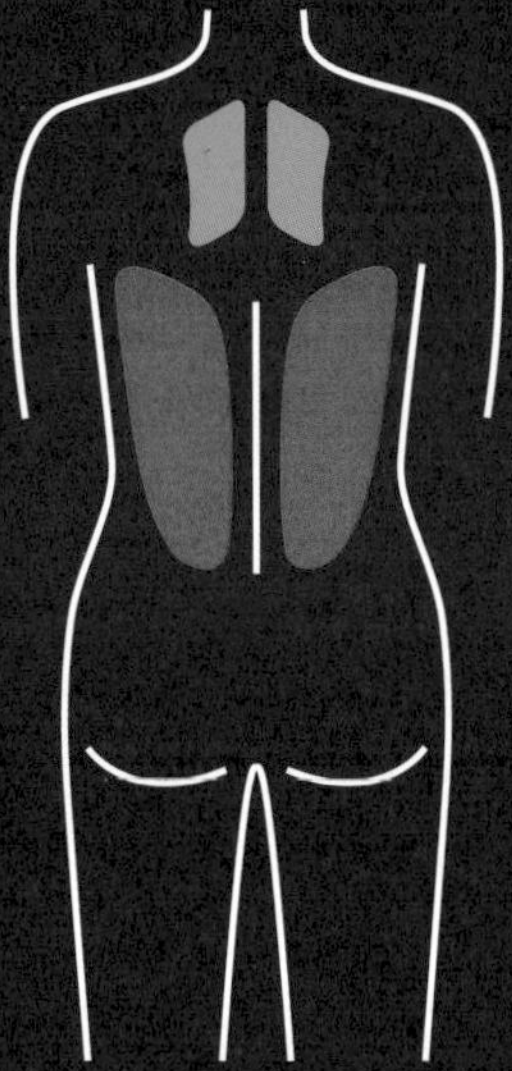

広背筋《こうはいきん》
菱形筋《りょうけいきん》

背骨の両サイドから脇の下にかけて、また肩甲骨の下にある広背筋。広背筋の上にあり、肩甲骨についているのが菱形筋で、肩甲骨を寄せるのに必要な筋肉。背中の大部分を占めるこの2つの筋肉は、肩関節をさまざまな方向に動かすことで万遍なく鍛えられると、圧倒的に、倍速で後ろ姿が見違えるように美しく見える。

ガッチガチの背中 たまには緩めてあげて! 目線が、視界が変わる。

1
正座をしてつま先を立て、手を胸の前で組む。このとき手のひらを自分のほうに向ける。

2
手を前に押し出しながら背中を丸め、肩甲骨が外に開くように意識する。20秒キープ×3セット。

肩関節の外旋

上腕を外側にねじる動き。この状態で背中を丸めて肩甲骨を広げる動きをすると背中の筋肉が伸びる。

バックストレッチ

WATCH
this video

広背筋と菱形筋を伸ばして肩甲骨を開くには、実は肩関節の位置が重要。そのためには、手のひらを自分に向けて**肩関節を外にねじる、外旋にする**ことでストレッチ効果がぐんと高まる。背中の筋肉が緩むと、前かがみの姿勢が矯正。目線の高さも、視界も変わって見えるはず。

手の向き1つで
トレーニング効果は
最高にも最低にもなる。

1

床に座って膝は90度に曲げる。手はお尻の後ろにつき、指は足の方向に向ける。腕の力を抜いて背中の上部を丸め込む。

2

肩を後ろに引きながら床を手で押し、胸を張って肩甲骨を寄せたら**1**に戻る。10回×3セット。

肩関節の伸展

腕を後ろに引く、伸ばす動きのこと。この動きによって背中の大きな筋肉、広背筋が収縮するのでトレーニングになる。

シーテッドチェストオープン

WATCH
this video

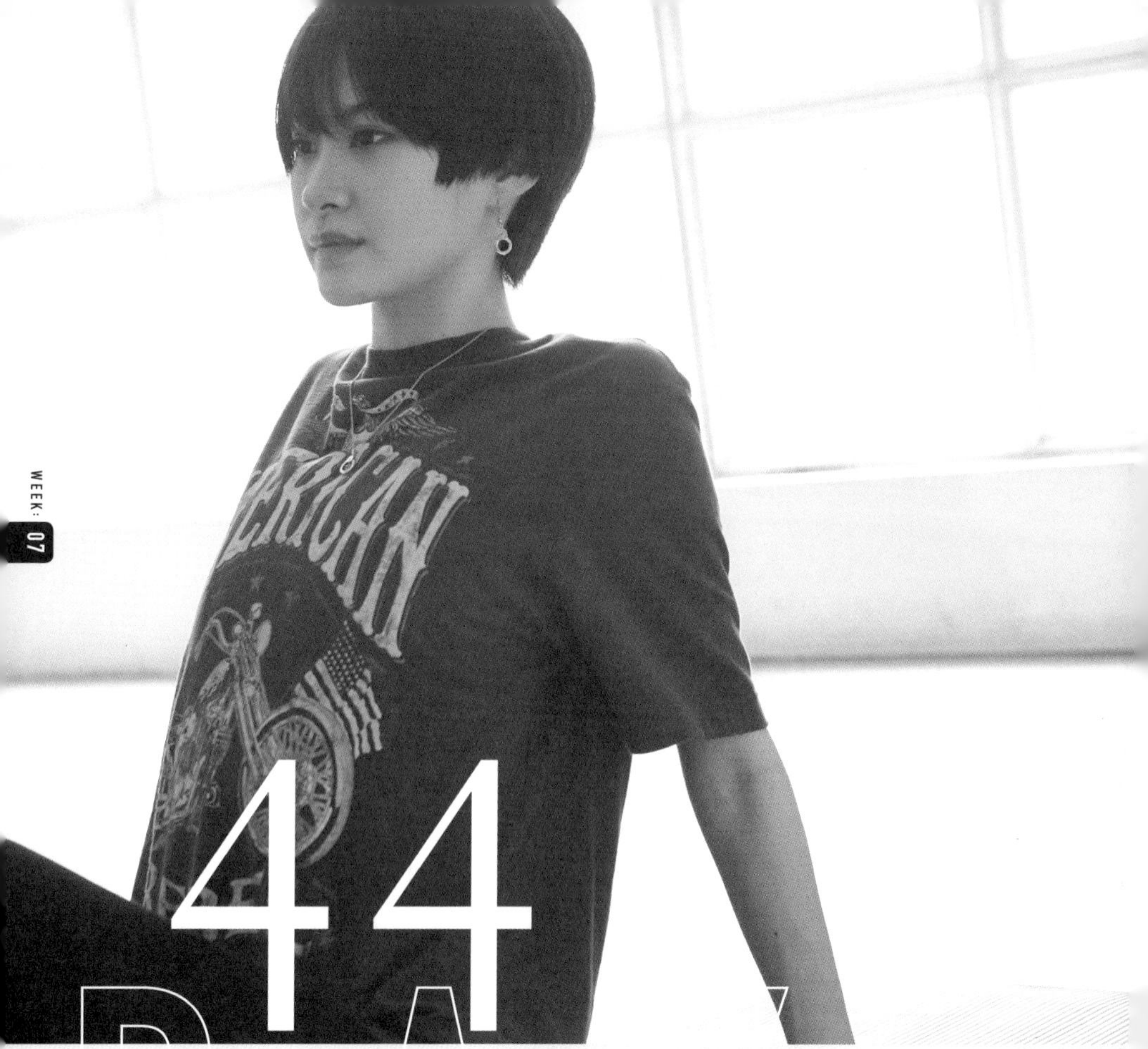

44

シーテッドとは座った状態のことで、直訳すると座って胸を開く動きのトレーニング。このトレーニングを背中の筋肉に効かせるには、指先を前向きにして床に手をつくこと。すると**肩関節の伸展**といって腕を後ろに伸ばす動きになるため、広背筋の作用が大きくなって背中の引き締めに効果大。

鳥のように翼を羽ばたかせることでどこまでも自由になれる！

1

立ち姿勢で左右の肘をくっつけて肩の高さまで上げる。手のひらは自分のほうに向ける。

2

肘を開きながら手のひらを外に向けて、肩甲骨を寄せる。20回×3セット。

ウィンギング

WATCH this video

肩甲骨を開く

上腕を前側（カラダの内側）にねじることで、肩甲骨が外側に広がること。肩甲骨まわりの筋肉がストレッチされる。

翼を広げたり閉じたりするかのような動き。広げるときは、腕を外にねじって肩甲骨を寄せる、閉じるときは腕を内にねじって**肩甲骨を開く**。広背筋や菱形筋を伸ばしたり縮めたりしていくうちにどんどん動きがよくなる。

ゴリッと音がした
あなたの肩甲骨、その背中
かーなーり
固まっています。

1
立ち姿勢でバンザイして、手のひらは自分のほうに向ける。

2
胸を張り、肘を下ろしながら手のひらを外に向ける。20×3セット。

ラットプルダウン

WATCH
this video

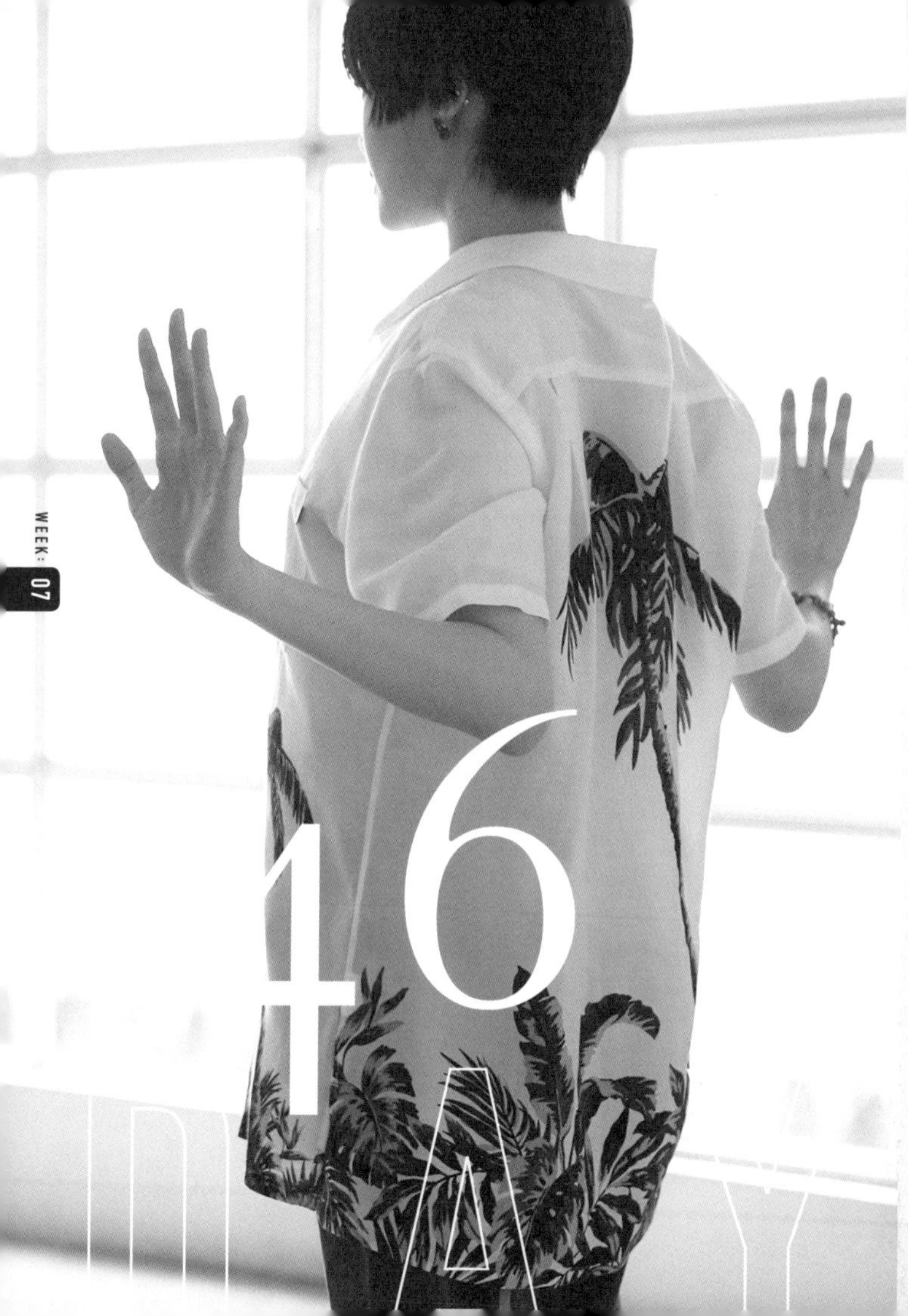

DAY 46

前日のウィンギングの肩の使い方を思い出して。バンザイをした腕を下ろしながら、手で三角形を描くようなイメージで。このとき重要なのが肩の関節。バンザイのときは内にねじり、腕を下ろしたら外にねじる。内外に肩をねじると、背中の動きが圧倒的にスムーズに！

思わず「押忍《おす》、押忍《おす》」と言いたくなってしまう……。そう、その気合を背中まで届けて！

1

正座をし、フェイスタオルの端を持つ。腕を胸の高さまで上げる。

2

肩甲骨を寄せながら右肘を真後ろに引き、左手は前へ押し、**1**に戻る。左右各15回×3セット。

タオルローイング

フェイスタオルを用意！

WATCH
this video

47

初の道具使用のトレーニング。タオルの両端を持って片腕ずつ引くだけだから簡単と思いきや、そうでもない。肩がすくんでしまったり、タオルがたわんでしまったり。すると背中の筋肉はうんともすんとも言わない。肩の力は抜いて肘が上がらないように真後ろに引くことに意識を集中。

背中の筋肉を総動員して
パドルを漕《こ》ぎまくる！
どんな荒波も
越えていける。

1
正座をし、フェイスタオルの端を持つ。腕は胸の高さまで上げる。

2
右の体側をこするようにして、右腕を後ろに引いたら**1**に戻る。左右各15回×3セット。

タオルプルダウン

フェイスタオルを用意！

WATCH
this video

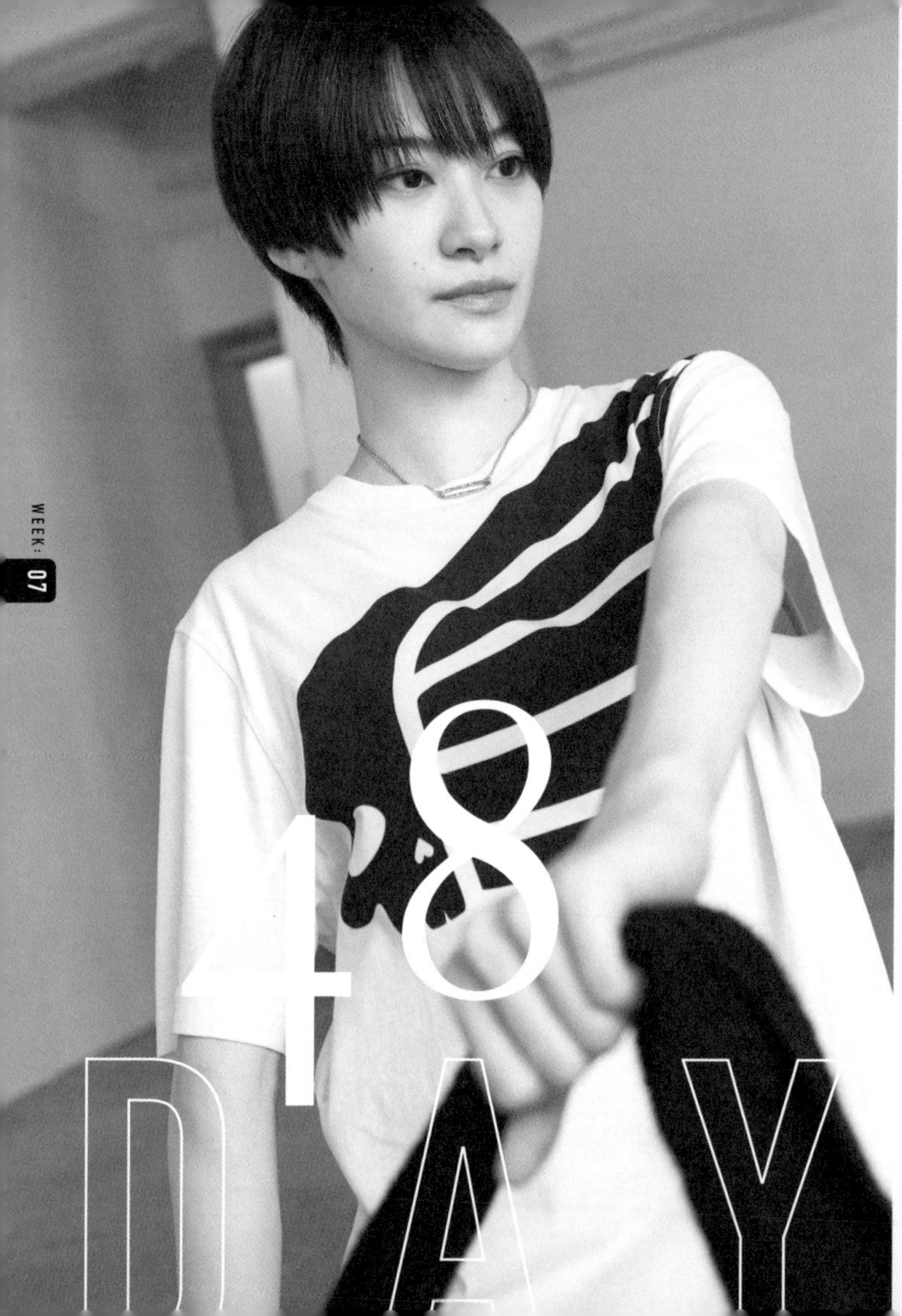

48 DAY

タオルをピンと張って、しっかり抵抗をかけてパドルに見立てる。脇をしっかり締めて、左右の手でタオルを引っ張り合う感じで抵抗をかけ、腕がカラダの近くを通るように後ろに引いてみる。腕が後ろに向かう動きをすると、広背筋がぎゅっと縮まるのを感じられるはず。

肘だけでカラダをプッシュできたらバックスタイルに自信が持てる。

1

仰向けになり、肘は曲げて床につける。

2

肘で床を押して肩甲骨を寄せたら力を抜いて**1**に戻る。20×3セット。

肩甲骨を寄せる
左右の肩甲骨を内側に近づけること。肩甲骨の間の筋肉が収縮して力が入るので、鍛えられる。

エルボープッシュ

WATCH
this video

4

広背筋・菱形筋のトレーニングの仕上げは、なんと肘だけで自分のカラダを持ち上げてしまう!! 肩に力が入ったり胸を突き出したり、腰を反ったりとエラー続出の予感。あごを引いて首をしっかり伸ばした姿勢で、肘で床を押す。**肩甲骨がしっかり寄っていれば**正解。

横隔膜《おうかくまく》、肋間筋《ろっかんきん》のリリースで肋骨の下をくびれさせる

背骨の両端からカラダの前面に筒状になっている肋骨。肋骨の間にあるのが肋間筋です。そして肋骨の下にドーム状にあるのが横隔膜。正しい呼吸を行うためには、肋間筋の伸縮と横隔膜の上下動が欠かせません。

ところが猫背でカラダが前かがみになっていたり、呼吸が浅かったりする人は、肋間筋や横隔膜の動きが鈍くなり、硬くなりやすい。すると、肩を引き上げて呼吸をするようになり、肩こりが起こるなど負のスパイラルを生みます。そして肋間筋や横隔膜の弾力が失われて動きが悪くなると、呼吸をするときの肋骨の動きが悪くなります。肋骨がしっかり動いて閉じていないと、アンダーバストが広がってしまい、くびれがなくなります。肋間筋や横隔膜をまずは緩めて、肋骨を動きやすくすることでくびれに近づきます。

WEEK:08

＃腹筋100日チャレンジ

Target

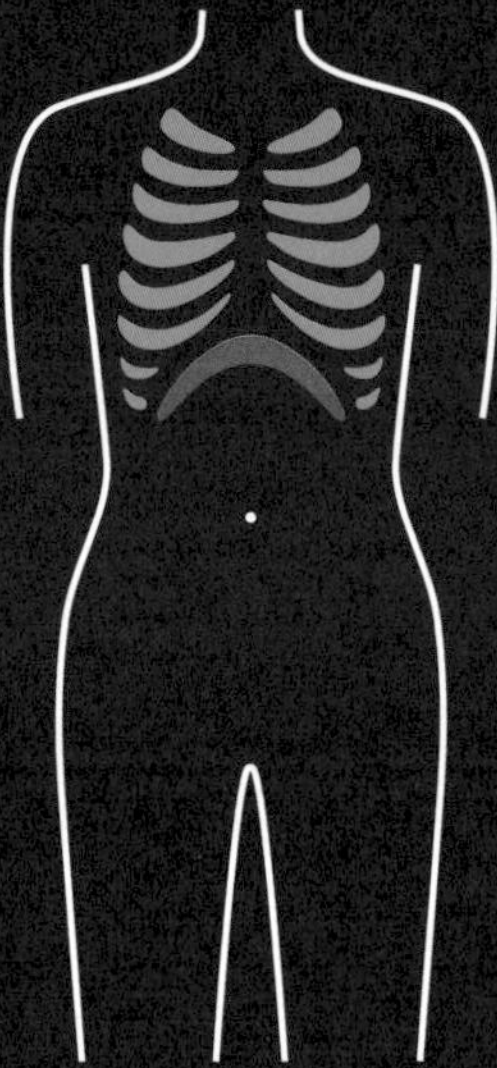

横隔膜《おうかくまく》
肋間筋《ろっかんきん》

胸とお腹の境にある横隔膜と、子宮や膀胱などを支える骨盤底筋やくびれをつくるコルセットのような腹横筋、背骨まわりの多裂筋、これら4つはインナーユニット。肋骨のまわりについているのが肋間筋。インナーユニットと肋間筋はともに呼吸と連動する筋肉なので、深い呼吸ができることで体幹トレーニングにつながる。

すっかり鈍感《どんかん》になった肋骨まわりをほぐしたらカラダ中に酸素が行き渡った。

1
右の肋骨の間に左手の指を置き、肋骨に沿って斜め下に滑らせるようにして肋間筋を20秒ほぐす。

2
左手で肋間筋を圧迫しながら右手を上げて、左に上体を倒す。10秒キープ。

3
左手で右の手首を持って、さらにカラダを倒して10秒キープ。呼吸を止めないように。反対も同様に行う。

肋間筋の間に指を置く

胸の下で脇腹に近いあたりを触ると肋骨があるのがわかる。その骨と骨の間に指を置いて圧をかけることで、肋間筋がほぐれる。

肋間筋リリース＆側屈ストレッチ

WATCH
this video

背骨からカラダの前面まで筒状になっている肋骨の間を斜めに走る肋間筋をリリース。上手に確実にほぐすコツは、**肋骨に沿うように、骨と骨の間に指を置くこと**。圧をかけながら皮膚を動かしたり、カラダを横に倒すことで、より肋間筋は解放される。

肋骨の奥に指って入るの？
しっかり呼吸ができていれば
肋骨をつかむことさえできる。

1
仰向けになり、膝は90度に曲げる。親指以外の4本の指の第2関節を肋骨に乗せる。大きく息を吸う。

2
息を吐いてお腹を凹ませながら、肋骨の内側に指を入れ込んで10秒キープ。10回。

指が入る感覚

指で肋骨の下部を握るような、えぐるような感覚。横隔膜が硬くなっていると、指で肋骨をつかめない。

横隔膜リリース

WATCH
this video

51

横隔膜をえぐるようにして肋骨の奥に指を入れる。呼吸が浅い人は硬くて入りづらいと感じるはず。息を吐いてカラダの力を抜いてリラックスした状態で行うと、すんなり指が奥に入っていくのがわかる。**指が入らない**のは、力んでいて腹筋に指がつっかかっているから。力を抜いて!

肋骨の閉じ方を知ることは
くびれを自分でつくる
方法を知ることになる。

1

仰向けになり、膝は90度に曲げる。手は肋骨の下部に置き、息を大きく吸ってお腹を膨らませる。

2

お腹を凹ませたまま息を吸ったり吐いたりと呼吸する。10回×3セット。

手でアシスト

手を当てているのは肋骨の動きをアシストするため。呼吸に合わせて広げたり、ギュッと絞ったりさせて動きを確認して。

ドローイン肋骨開閉

WATCH
this video

52 DAY

お腹を凹ませたままする呼吸、ドローインを４日目にしたの、覚えてる？ その記憶を呼び戻しつつ、肋骨を広げたり閉じたりすることを意識しながら呼吸をしてみる。**手でアシスト**しながら肋骨の下部を閉じる感覚が大切。

猫の背骨、犬の背骨。自在にできれば背骨も肋骨も自由に動かせる。

1

腕と太ももは床に対して垂直になるよう四つ這いになる。息を吐きながらお腹を凹ませ背中を丸める。口をすぼめて息を吐ききる。

2

息を吸いながら頭も上げて肋骨を開いて背中全体を反らせたら1に戻る。重心は前後にスライドしないように。15回×3セット。

キャット&ドッグ

WATCH
this video

DAY 53

背骨を猫のように丸めたり、犬のように反ったり。簡単そうに思える動きですが、姿勢が悪くて背骨の動きが悪いと、イメージしていたように動けない自分に驚く。背骨をスムーズに動かせると、つながっている肋骨の動きもよくなって肋骨下部を閉じやすくなり、ウエストのカーブをつくりやすい。

「肋骨を閉じる」感覚を
徹底的に知るには
「肋骨を開く」ことも
知らなくてはならない！

1
正座をしてつま先を立て、足首に半分に折ったフェイスタオルを引っかける。息を吐きながら、背中を丸めて肋骨を閉じる。

2
タオルを引っ張りながら息を吸って肋骨を開く。頭のてっぺんを天井につき上げ、あごは引くこと。15回×3セット。

リブオープン＆クローズ 正座

フェイスタオルを用意！

WATCH
this video

DAY 54

〝肋骨を閉じる、開く〟を繰り返してその違いを知ることで、初めて正しく閉じる動きが習得できる。肋骨が開くと、本来くびれる部分の表面積が広がり、ウエストが消滅。反対に肋骨を閉じればくびれを確認できる。息を吸って肋骨を開く、吐いて閉じる、の明確な違いをその目で確かめて。

息を吸って膨らませるのはお腹でも胸でもない。背中も膨らんだら上級者。

1

床に座り、膝を90度に曲げる。息を吸い、吐きながらお腹を凹ませ、上体を丸める。

2

凹ませたお腹に肋骨をかぶせるように膝を抱え込む。息を吸って背中を膨らませる。お腹を凹ませながら息を吐く。10回×3セット。

背中に空気を入れる

呼吸をするとき、胸やお腹膨らむけれど、本来は背中にも圧がかかって膨らむもの。呼吸をすることで背中が膨らむ感覚を得て。

ドローインブレス

WATCH
this video

お腹を凹ませるドローインの状態で体育座りをして呼吸。太ももでお腹を押さえ込んでいるので、呼吸をしてもお腹が膨らまず、**背中に空気を入れる**感覚を得るトレーニング。五感を研ぎ澄ませて、呼吸のコントロールで背中側の圧力を高める感覚をとことん身につけて。

実はものすごい働き者！肋骨にくっついた脇の下の筋肉を攻めよ。

1
正座をしてつま先を立てる。肩の真下に腕がくるように手をつく。

2
手で床を押し、肩甲骨を広げて背中の上の部分を丸め、**1**に戻る。15回×3セット。

前鋸筋

脇の下の筋肉。プッシュアップの姿勢のとき体幹を支える重要な筋肉。呼吸の際にも肋間筋と連動する。

ハンドプッシュ

WATCH
this video

5

8週目の仕上げは、体幹を安定させて肋骨に付着した脇の下の筋肉、**前鋸筋**（ぜんきょきん）を目覚めさせる。日常的にはあまり使わない筋肉なので、トレーニングで意識的に動かすことで肋骨が動かしやすくなる、呼吸がしやすくなって横隔膜や腹横筋を活性化させくびれができる、という好循環が生まれる。

前《ぜん》鋸《きょ》筋《きん》の使い方が、筋トレのレベルを上げる

脇の下あたりにあるのが前鋸筋。プランクなどのうつ伏せから腕を伸ばしてカラダを支える姿勢では、この前鋸筋がしっかり働くことが重要です。

前鋸筋が働いていると、連動して肩甲骨がしっかり外に広がり、体幹部で体重を支えることができます。ところが前鋸筋を使えていないと、プランクの姿勢をとったとき、頭からかかとまで一直線の姿勢を保てず、肩甲骨が閉じて胸が落ちてしまい、腰が反ってしまって正しい姿勢がとれないので、本来のトレーニングの効果を得ることができないのです。

前鋸筋は日常生活ではあまり使わないので、きちんと使えているかどうかの感覚が鈍い。トレーニングで刺激を入れて活性化しておくことで、9週目以降のプランクなどのうつ伏せ姿勢のトレーニングの効果に差が出ます。

WEEK:09

＃腹筋100日チャレンジ

Target

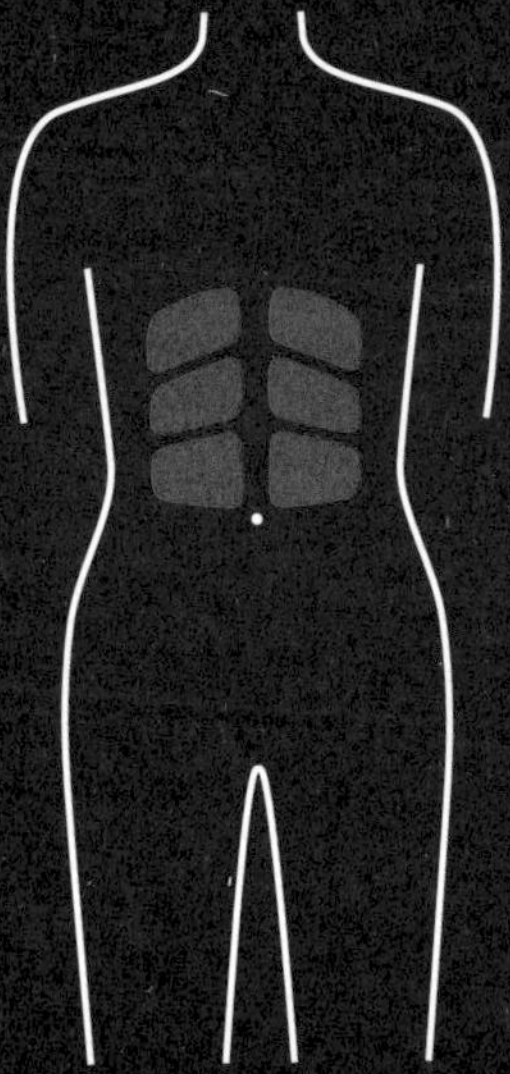

腹直筋上部《ふくちょくきんじょうぶ》

2週目の腹直筋上部からレベルアップ。今週からキツさもどんどん増していく。ほかの週で行った筋トレも、メインターゲットは腹筋以外の筋肉だけど、体幹となる腹筋を使っている種目も多々。というわけで8週間続けていたら相当強くなっているはず。いよいよ後半戦。腹筋の縦ラインの仕上げを!

「私のカラダは一枚板」そう思えばこそ耐えられる地味トレ。

1

肘は肩の真下について手は組み、つま先は立てる。

2

肘で床を押すようにして、頭からかかとまで一直線になるようにお腹を引き上げてキープ。30秒×3セット。

ハンドプッシュの感覚

手脚で床を押しながら、その力をおへそに集めるような感覚。腹筋全体でカラダを支えることになる。

プランク

WATCH
this video

DAY 57

腕にも脚にも頼らず、腹筋だけでカラダを持ち上げる、おなじみのプランク。しっかり腹圧をかけることで、お尻が下がったり腰が反ったりするエラーを回避。56日目で覚えた**ハンドプッシュの感覚**で床をまっすぐ押せると、腹圧が高まる。

形だけマネしても無意味。腹直筋にしびれるほどの刺激を入れて。

1
肘は肩の真下について手を組み、つま先は立てる。頭からかかとまで一直線になるようにお腹を引き上げる。

2
腰を丸めながらお尻を天井に突き上げたら1の姿勢に戻る。15回×3セット。

プランクアップダウン

WATCH
this video

体幹と屈曲

プッシュアップの姿勢から、背骨を前へと丸める動きのこと。腹直筋に力が集まる。

58

前日のプランクからなんと体幹を**屈曲**（くっきょく）！ 屈曲させることで、腹直筋への刺激はさらに高まる。体幹を曲げてお尻を突き出すときに腰が反ってしまうと、腹直筋への効きが半減。基本のプランクをマスターしてから、アップダウンの動きを加えたいもの。

カラダも木と同じ。幹がないとまっすぐに立てない。

1

腰幅に脚を開いて、手を床につける。体幹がぶれないように手で前へ進む。

2

カラダが伸びきったら手のひらと足で床を5秒押し合う。腰は反らないように。手を足のほうに近づけて1の姿勢に戻る。5回×3セット。

キツくてできない

カラダが伸びきる姿勢を目標にしたいけれど、キツいという人は無理せずに、いけるところまででOK。5秒キープできるところを探して。

ハンドウォーク

WATCH
this video

腹筋ローラーの自重バージョン。自分の手で歩きながら手と足が離れれば離れるほど腹直筋を刺激。カラダが伸びきったらおへそのあたりに力を集めるようなイメージで床を手足で押して。**キツくてどうしてもできない人**は手を前に伸ばしすぎないように。

私だけの自転車で、ペダルを回してどこまでも好きな場所に行ける。

1

仰向けになり、膝は90度に曲げて上げる。息を吐き、お腹を凹ませながら肩甲骨が浮く程度に上体を起こす。

2

左脚を遠くに伸ばし、さらに上体を起こして右膝の裏で両手を合わせる。左右交互30回×3セット。

腰は床から離さない

腰はつねに床に接している状態にしておくこと。腹直筋の力を最大限使って上体を起こすことができる。

バイシクルクランチ

WATCH
this video

お腹を凹ませて腹筋に力を入れた状態から自転車を漕ぐ。さらに漕いでいる膝の後ろで手を合わせるというのだから、相当の難易度。上体は起こしつつも、**腰は絶対床から離さない**。膝は最大限に伸ばしてとにかくペダルを漕ぎまくって、これでもか、というくらい腹筋をギューッと縮めて。

昨日より今日と
ほんの少し、でも着実に
起き上がれる
実感が出てきた。

1

仰向けになり、膝は90度に曲げて上げる。息を吐き、お腹を凹ませながら肩甲骨を浮かせて上体を起こす。

2

上体を起こして手でかかとをタッチして1に戻る。15回×3セット。

ヒールタッチクランチ

WATCH
this video

前日のクランチで膝裏まで伸ばした手を、今日はかかと（ヒール）までに。ほんの少し上がった可動域、でもキツさはほんの少しじゃない。起き上がるたびに腹筋にしわがよって収縮しているのがよくわかる。キツくなってきても脚は固定。決して自分のほうに引き寄せず、自分からヒールをタッチ。

腹筋上部を いじめるのもあと2日。 最後の力を振り絞って つま先タッチ！

1
仰向けになり、手と脚は床と垂直になるように上げる。

2
上体を起こしながらつま先をタッチする。15回×3セット。

トゥタッチクランチ

WATCH
this video

62

膝裏からかかと、かかとからつま先（トゥ）へと、日に日にタッチする場所が遠くなる。脚は床に対して垂直のまま、腹筋上部をしっかり縮めてカラダを起こしてつま先をタッチ。キツくなると脚を手に近づけてしまうことも。そんな形ばかりの腹筋ではお腹は引き締まらない。

腹筋の縦すじがそろそろ出没か⁉テンション上がってきた63日目‼

1

仰向けになりバンザイをする。

2

腕を振る勢いを使い上体を起こすのと同時に、脚を上げてつま先をタッチする。V字にカラダを折りたたむイメージ。15回×3セット。

「V」の角度

つま先を触るまでとはいかなくても、せめてすねを触れるくらいまで上体を起こしてVの字を作れたら合格。

Vシット

WATCH
this video

62

全身脱力の仰向けから、**「V」の字**にカラダをたたむ、これを繰り返すというのだから見た目だけでもキツそう……。でも今週は腹筋上部をいじめ抜いてきたので、さほど恐怖心はないのでは。つま先まで触れなくても、せめてすねまでは触ろう。

Reach The 9 WEEKS

毎日コツコツ、続けてきた努力は自分のカラダがいちばんよくわかっている。

WEEK:10

#腹筋100日チャレンジ

Target

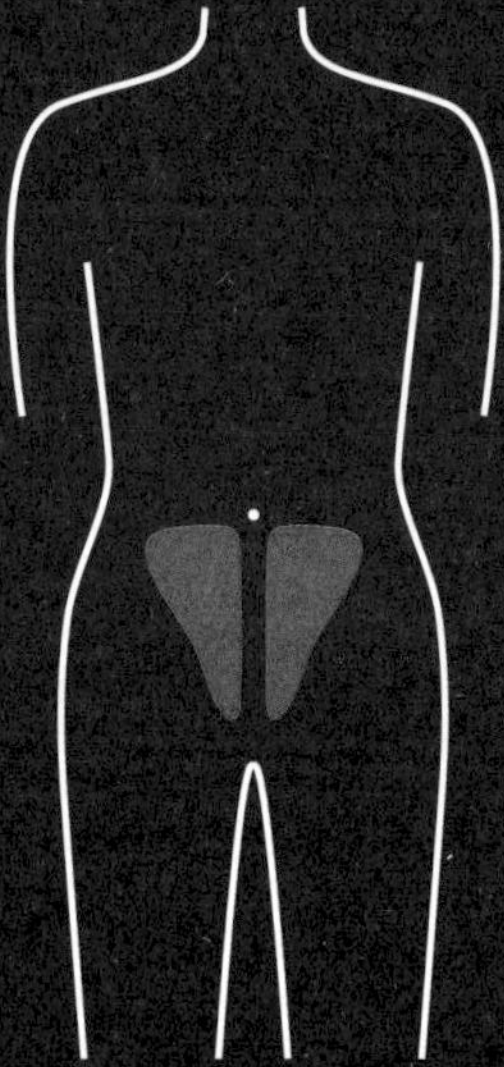

腹直筋《ふくちょくきん》下《か》部《ぶ》

今週で腹直筋は最終ラウンド。腹直筋の上下で合計4週間も費やしたのだから、そろそろ結果が出てもいい頃。怒涛の引き締めで下腹部を追い込んで。おへそあたりを突き抜ける中央の縦ライン、その左右に2本ライン、この3本の縦ライン、アブクラックスをなんとしてでも手に入れたい。

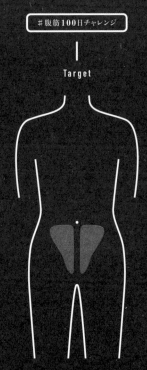

あなたのハサミの切れ味は まもなくキレッキレになる。

1

仰向けになって肘は肩の真下につき、腰は床にぴったりつける。脚を床から浮かす。

2

脚を大きく開いたらハサミのように左右交互にクロスさせながら閉じる。30回×3セット。

肘つき横シザース

WATCH
this video

64

3週目21日目でトレーニングした縦シザースのレベルアップバージョン。脚の重みを腹直筋の下部で受け止め、しかも左右の脚をテンポよくクロスしてハサミのように動かす。キツくても腰を反らさず、腰は絶対に床から離さない。そうすることで、腹直筋への負荷はマックスに。

ぶるっと震える
腹筋をチラ見しつつも
一心不乱で脚を上げ下ろす。

1
仰向けになって肘は肩の真下につき、腰は床にぴったりつける。脚を床から浮かす。

2
脚を床と垂直になるまで振り上げ、床スレスレまで下して1に戻る。15回×3セット。

腹圧を高めたまま

お腹に力が入っていないと脚の重さだけで一気に下げてしまうことになる。脚の上げ下ろしは腹筋の力でコントロール。

肘つきレッグレイズ

WATCH
this video

脚上げ腹筋ならぬ、脚上げ下ろし腹筋。特に脚を下ろすときがキツいので、**腹圧を高めたまま**、耐えながら下ろす。腰が反らないようにしっかり床につけて。腹直筋の下部がプルプルと震えてギュッと力が入っていたら正しく使えている証拠。

1トレで
三度襲われるキツさ…。
刺激が強いほど
喜ぶカラダになっている。

1

仰向けになり、膝を90度曲げる。手は45度程度に広げる。背中が浮くくらいまで脚を持ち上げキープ。

2

脚を少し下ろし、背中が床についていて腰が床につかないぎりぎりのところでキープ。

3

さらに脚を下ろして、腰は床につけてキープ。1に戻る。15回×3セット。

3フェーズリバースクランチ 膝曲げ

WATCH
this video

DAY 66

脚を天井に向けて一気に上げたら、3フェーズでピタッと止める。止めるのはほんの数秒でもいいけど、止めるのが難しい。重みでふらつく脚を、腹直筋下部でぐっと縮めて押さえたい。手で支えたり腰を反ったりしてはダメ！

どの角度でも
脚をピタッと止める。
これは相当の
腹筋力が求められる。

1
仰向けになり、手は45度程度に広げる。背中が浮くくらいまで脚を持ち上げキープ。

2
脚を少し下ろし、背中が床についていて腰が床につかないぎりぎりのところでキープ。

3
さらに脚を床と垂直になるまで下ろしてキープ。1に戻る。15回×3セット。

3フェーズリバースクランチ 膝伸ばし

WATCH
this video

67

前日結構ハードに腹直筋に刺激を入れたけれど、もう少しレベルアップ。膝を伸ばしてのリバースクランチは、自重がさらにかかるので、腹直筋の下部でぐっとこらえて脚を止める。思わず肩にまで力が入ってしまいそうだけれど、力を入れるのはあくまでも腹直筋下部。

チリツモで強化してきた腹筋。
首を少しだけ上げて
強度を自らアップする
自分に厳しい私！

1

仰向けになり、手をお尻の下に置いて骨盤を後傾させ脚は浮かせる。頭を上げておへそをのぞき込む。

2

脚を床と垂直になるくらいまで持ち上げたら腰が反らない位置まで下ろす。15回×3セット。

レッグレイズ

WATCH
this video

68

定番の脚上げ腹筋で、65日目の肘つきの難度を上げたバージョン。腹筋が弱い、腰が反るという理由で、定番なのに案外できない人が多い種目。手をお尻の下に置いて骨盤を後傾にして、腰が反るのを防止。ダイレクトに腹直筋下部に刺激が入る。首を上げてお腹のほうを見ると、強度はさらに増!!

脚上げで
どんな動きもできちゃう。
目指す腹筋の
ゴールが見えてきた！

1
仰向けになり、両腕は床に置いて踏ん張る。膝を胸に引き寄せて「グー」。

2
左右の脚を交互に伸ばして「チョキ、チョキ」。

3
脚を開いて「パー」にする。10回×3セット。

パーの位置

脚を開く「パー」は、腹筋がいちばんツライ、お腹がプルプルするという位置で止めることでトレーニング効果は最大限に。

じゃんけんレッグレイズ

WATCH
this video

6

脚上げ腹筋でじゃんけん。脚上げから左右の脚を入れ替えたり、大きく開いたり。その間、当然腰は反らさずに肩に力を入れない。脚の動きをつねにコントロールするため腹直筋は使いっぱなし。しかも**「パー」のときはいちばんツラくなる位置**で止める。ドMになった気持ちで挑んで。

おうちの床が山の斜面に見える?クライマー気分になれる1日。

1

手と脚が床と垂直になるように四つ這いになる。脚を伸ばしてプッシュアップの姿勢になる。

2

左右交互に膝を胸に引きつけ、リズムよく足を入れ替える。30回×3セット。

足裏を壁につける

壁の前で行い、足裏で壁を蹴るようにして行うと滑る心配もないし、体勢が崩れにくくなるためトレーニングしやすい。

マウンテンクライマー

WATCH
this video

四つ這いの姿勢で、まるで山を駆け上がるようにその場で膝を胸につけるようにして、脚を入れ替えてランニング。筋トレでありながら有酸素運動の効果も！ 慣れないうちは**足を壁につけて行う**もよし。腹直筋はもちろんのこと、前鋸筋や腸腰筋も使う。

Column

腹筋の縦ラインが見えてこない人は食事を見直し！

筋トレを始めて10週が経ちました。にもかかわらず、お腹がすっきりした、お尻がちょっと上がったかもなどの変化が少しも感じられない人は、食事の見直しをしてみましょう。とはいえ、あれもこれも食べてはダメ、となるとハードルが高くなりますので、簡単なことから変えていきます。

まずは３食しっかり食べて、たんぱく質を最優先する食事に見直しましょう。１食のたんぱく質の量は20〜25g、カロリーにすると80〜１００kcal×３食。１日の摂取カロリーを１３００kcalに設定すると、約１０００kcalは何を食べてもＯＫ。ただし脂質の多いものはあっという間にカロリーが上がるので注意。メインのたんぱく質は鶏肉なら胸肉やささみ。牛・豚肉ならヒレなど種類を限定するだけでも脂質を抑えられます。あとは菓子パンなどの甘いものや揚げ物を避けるだけでも、摂取カロリーをぐんと減らせます。

WEEK: 11

＃腹筋100日チャレンジ

Target

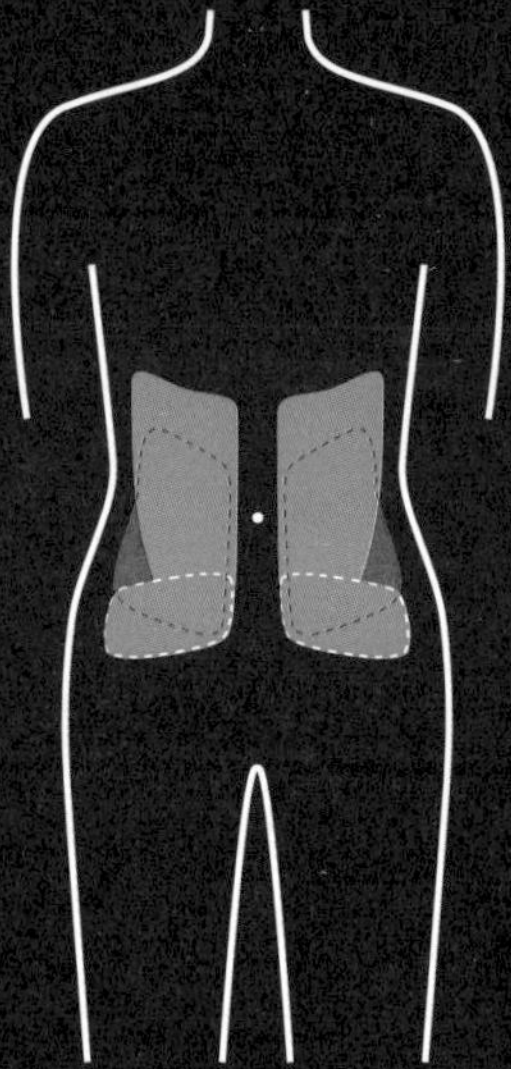

腹横筋《ふくおうきん》
腹斜筋《ふくしゃきん》

4週目でツイストをしまくってねじり上げたあの感覚、覚えている? 二度目となる腹横筋、腹斜筋のトレーニングはサイドプランクの体勢で。体幹を安定させながら、腹横筋、腹斜筋に刺激を入れてサイドラインを絞り上げる。さらにはお腹に斜めのライン、くびれシャドウを入れる。かなりハードなので覚悟を!

二の腕がムキムキ？
そんなふうにはなりません！
鍛えるべきは腹筋サイド。

1

右肩を下にした横向きになる。右肘は肩の下につき、左手は腰にあてる。

2

カラダとお尻を持ち上げ、左手を天井に向けて伸ばしてキープ。左右交互に30秒×3セット。

一直線を保つ

頭が落ちてしまったり、お尻が後ろに引けたりしないように。頭からつま先を一直線にすることで、腕ではなく、体幹でカラダを支えられる。

サイドプランク

WATCH
this video

DAY 71

腕1本でカラダを支えているように見えるけれど、実は**頭から足まで一直線**にすることで、肘をついている側の腹斜筋で支えている。カラダがくの字になるように股関節が曲がったり、頭が落ちてしまったりすると、腹斜筋以外の筋肉を使ってしまうエラーが起きるので注意。

弓のようなカラダのカーブ。このしなやかさは実は脇腹がつくっていた。

1

右肩を下にした横向きになる。右肘は肩の真下につき、左手は体側に添わせ、カラダとお尻を持ち上げる。

2

腰を天井に突き出しながら左腕を上げる。カラダを弓なり状にしたら、カラダは床につけ、腕は下ろす。左右各15回×3セット。

サイドプランクアップダウン

WATCH
this video

72

71日目から難易度をアップ。サイドプランクの姿勢から腕を上げることで、さらに肘をついているほうの腹斜筋の収縮が大きくなる。つまりキツくなるということ。頭が落ちやすくなったりお尻が後ろに出たりしてカラダがくの字になりやすいので、脚から頭まではまっすぐに。

そろそろ腹斜筋の
悲鳴が聞こえてきそう。
まさに今が正念場。

1

右肩を下にした横向きになる。右肘は肩の真下につき、左手は頭の後ろに。右足は左足の前につき、左足で踏ん張る。

2

左肘と右膝を引き寄せて**1**に戻る。左右各15回×3セット。

サイドプランクニートゥエルボー

WATCH
this video

片腕と片脚でカラダを支えながら、なんと肘と膝を近づける動きを入れる。体幹が安定していないと、姿勢が崩れやすくなるので、これまでの努力がものをいう。カラダがくの字にならないように、一枚の板をイメージして。床についている脚の内ももにひそかに刺激が入る。支えている軸足が落ちないように注意して。

カラダの対角線上で肘と膝が出合うとカーブが生まれる。

1 仰向けになり、膝は90度に曲げて上げ、手は頭の後ろで組む。上体を少し起こしてお腹を凹ませる。

2 上体を起こしながら右肘と左膝をタッチさせるようにひねる。**1**に戻り、左右交互に30回×3セット。

カラダをツイスト

右肘を左膝に、左肘を右膝に近づけるためにカラダをねじることで腹斜筋のトレーニングに。頭だけ動かすのはNG。

バイシクルニートゥエルボー

WATCH
this video

DAY 74

自転車を漕ぐだけじゃない、腹直筋に力を入れて**カラダをツイスト**させて膝に肘をつける動きが加わり、目に見えて強度が上がっているのがわかる。肘は膝につかなくてもいいけど、近づける努力は怠らず。上半身が上がっていなくて頭だけが動いてしまうのもダメ。

トカゲの歩き方、思い浮かべてみて。お手本にすべきはあのカラダの使い方。

1

肩の真下に手をついて脚は伸ばし、体幹を一直線にしてプッシュアップのスタートの姿勢をとる。

2

カラダを左に曲げながら左膝を外から引き上げて左肘に近づける。左右交互30回×3セット。

膝を引き上げる

この種目では、体幹を一直線にキープするのではなく、膝を引き上げると同時に、カラダを横に折り曲げることが重要。

プランクアウトニーアップ

WATCH
this video

75

すでに余裕でできるプランクの体勢から、腰と肩の距離を縮めるように膝を曲げる動き。トカゲの歩き方に似ているでしょ？ **膝を引き上げながら**も体幹を安定させ、お尻や頭が落ちることなく、体幹を横へ折り曲げる。

あなたのカラダは
水をたっぷり含んだ雑巾。
絞れるだけ絞っちゃって。

1

肩の真下に手をついて脚は伸ばし、体幹を一直線にしてプッシュアップのスタートの姿勢をとる。

2

右膝を引き上げて左肘に近づける。左右交互30回×3セット。

ツイストマウンテンクライマー 膝曲げ

WATCH
this video

76 DAY

先週、70日目で体得したばかりのマウンテンクライマーにねじりを入れて腹斜筋にアプローチ。ツイストは骨盤をねじるイメージで、胸や顔は横を向かずに床に向けたまま。腹筋サイドにねじりが入るので、トレーニング効果が上がる。

壁をスルスル上るように。スパイダーマンも驚《おどろ》くマウンテンクライマー。

1
肩の真下に手をついて脚は伸ばし、体幹を一直線にしてプッシュアップのスタートの姿勢をとる。

2
右膝は伸ばしたまま、骨盤を回しながら脚を左側に出す。左右交互に20回×3セット。

ツイストマウンテンクライマー 膝伸ばし

WATCH
this video

前日のツイストマウンテンクライマーを、膝を伸ばしてトレーニング。骨盤をスムーズに回せないと、横に蹴り出せない。キツくてカラダのバランスが崩れるようなら、脚は床を滑らせてもOK。でも脚を浮かせられたら内ももにも効く、というご褒美つき。

Reach The 11 WEEKS

ついに3カ月達成。季節もカラダも次のステップへ。

WEEK:12

#腹筋100日チャレンジ

Target

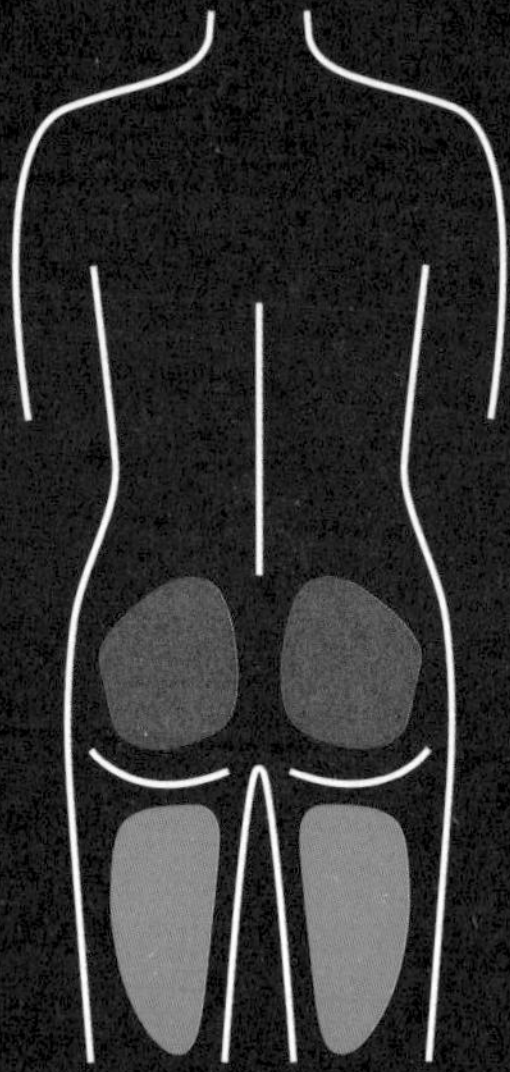

臀筋《でんきん》

ハムストリングス

お尻の表層の大きな筋肉で、お尻全体の形を決める大臀筋。大臀筋の深層にあり、真横についているのが中臀筋、深層部にあるのが小臀筋。これら3つのお尻の筋肉と、太もも裏のハムストリングスを併せてトレーニング。下半身の大きな筋肉を動かすことで、脂肪燃焼効果が高まって、全身の筋肉の美しいラインが見えやすくなる。

お尻の奥のほうに届く
地味に、でも深い刺激で
重力に抗《あらが》ったお尻をつくる。

1

右肩を下にして横向きなり、膝は曲げて、かかと、お尻、肩が一直線になるように。右腕は伸ばし、左手は腰にあてる。

2

かかとを軸にして、左膝を開いて閉じる。骨盤は後ろに倒れないように。20回×3セット。

背中を壁につける

頭から骨盤までを壁に沿わせることで、骨盤が後ろに倒れるのを防ぐ。カラダを床と垂直にすると体勢を保ちやすい。

クラムシェル

WATCH
this video

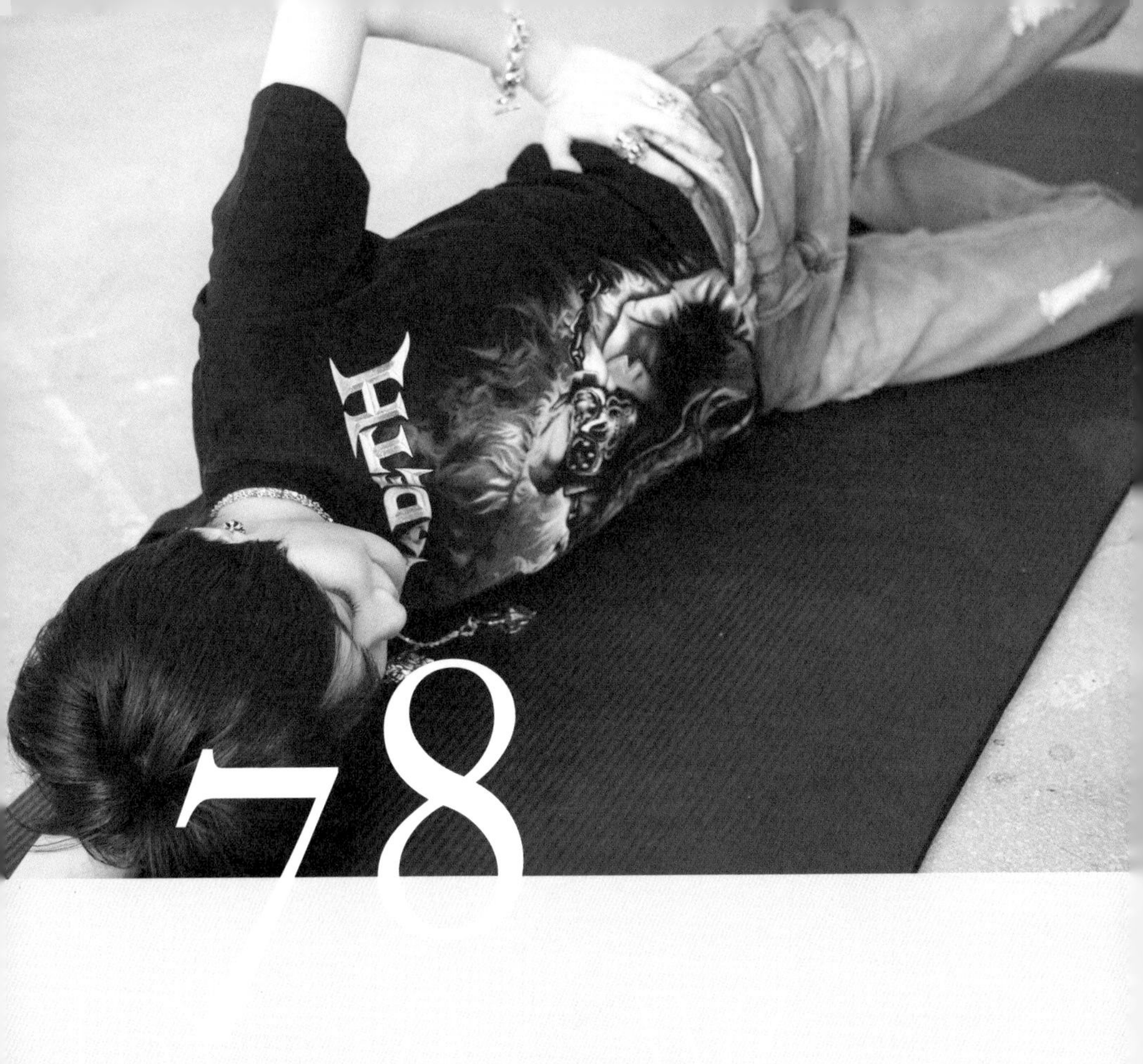

78

ヒップアップにはお決まりのトレーニング。お尻の奥のほうにじーんと刺激が入ったら正解。そのためには膝を開くとき、股関節を外にぐりっとねじることと、骨盤が後ろに倒れないこと。これができないとお尻には効かない。骨盤が倒れる場合は、**背中を壁につけて**固定して。

お尻をカッコよくしたいなら 股関節づかいの 魔術師になれ！

1

右肩を下にして横向きになる。右膝は90度に曲げ、左脚は少し浮かす。右腕は頭の下に、左手は腰に。

2

左足のかかとを上に向けた状態で、斜め45度後ろに上げ、1に戻る。左右各15回×3セット。

ヒップアブダクション 股関節内旋

中臀筋前部

中臀筋はお尻の横にあり、骨盤から太ももの骨に向かって付着している。前部は、太ももを内にねじることで働く。

WATCH
this video

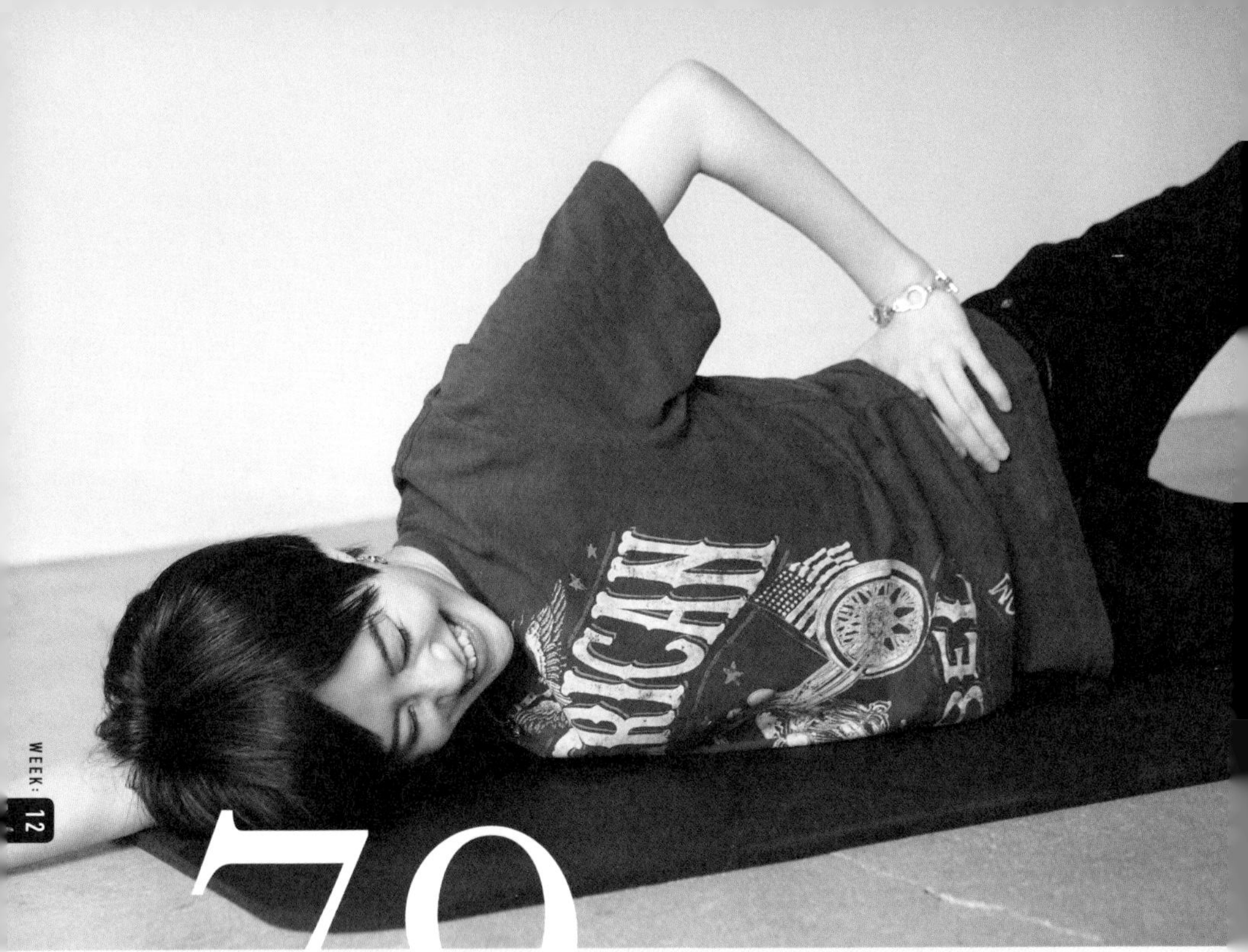

70

お尻にはアウターの筋肉以外にも、深層部にある小さな筋肉がいくつもある。これらの多くは股関節の動かし方次第で刺激の入り方が変わる。脚を開いて後ろに伸ばし、かかとを上に向ける今日のトレーニングは、ヒップアップに不可欠な**中臀筋**（ちゅうでんきん）の前側を鍛えられる。

お尻の筋肉を操《あやつ》るのは HIP JOINT。つまり股関節はお尻のつなぎ目。

1

右肩を下にして横向きになる。右膝は90度に曲げ、左脚は少し浮かす。右腕は頭の下に、左手は腰に。

2

左足のつま先を上に向けた状態で、斜め45度後ろに上げたら1に戻る。左右各15回×3セット。

ヒップアブダクション 股関節外旋

中臀筋後部

前日の前部に対して、太ももを外にねじる外旋の動きをすることで働く。より後ろの部分を使う。

WATCH
this video

80

中臀筋のトレーニングの後半戦。今日は**中臀筋後部**を鍛える。これでヒップを丸く見せてくれる中臀筋に仕上がるはず。脚を外に開いて後ろに伸ばすまでは同じ。つま先を上に向けることで股関節が外にひねられ、中臀筋後部に狙いを定めて鍛えることができる。

片方ずつじっくり効かせる。お尻と裏ももの超スパルタ教育。

1

脚は肩幅の2倍程度に開く。手は胸の前で組む。胸を張ってお尻を後ろに突き出す。

2

右脚に体重をかけていき、膝を曲げたら1に戻り反対を行う。左右交互に15回×3セット。

膝とつま先は外

股関節を外側にねじって膝とつま先を外側に向ける。腰を落とした時もそのままで。こうすることでしっかりお尻に効く。

サイドスクワット

WATCH
this video

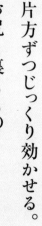

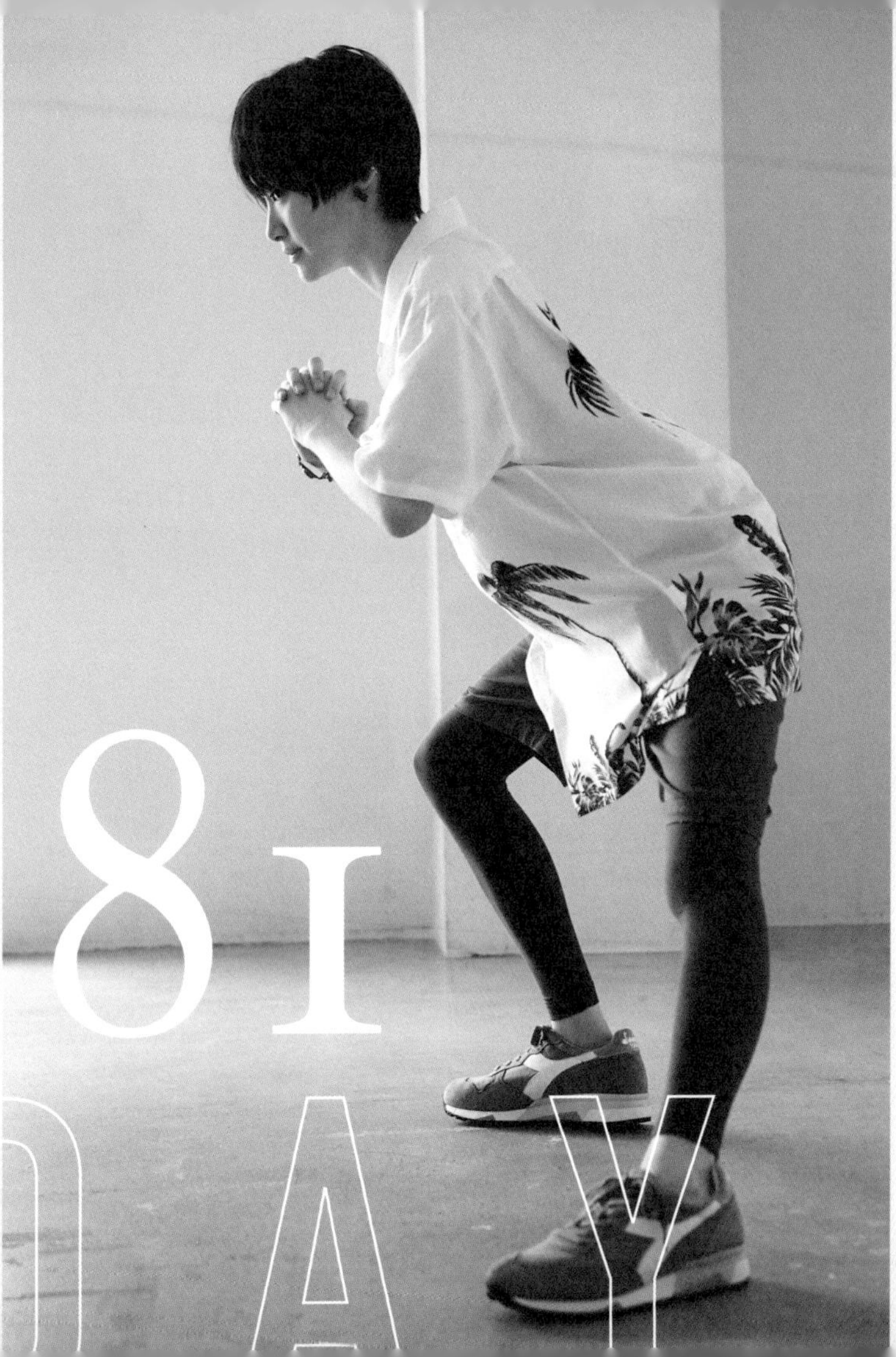

伸脚運動に似た動きで、体重が乗っているほうのお尻や裏ももを集中的にトレーニング。お尻をしっかり引かないと前ももに効いて前ハリ脚になりかねない。カラダの軸はまっすぐに、**膝とつま先は外に向け**、体重の横移動だけを行う。

コリも固さもないお尻は
マイナス5歳の
理想の若尻、上がり尻。

1

脚を肩幅に開いて左脚を一歩前に出し、左脚に重心を乗せる。手は胸の前でクロス。胸を張って軽くお尻を引く。

2

膝を曲げて真下にゆっくりしゃがみながら肩を回すようにして、上体を左にひねったら**1**に戻る。左右各15回×3セット。

スプリットスクワット ローテーション

回旋のポイント

頭から腰まではまっすぐにして、胸から回旋させるのがポイント。カラダが横に倒れたり、頭が前に落ちたりしないように。

WATCH
this video

82

座りっぱなし、立ちっぱなしなどでお尻を使わないと、硬くなる筋肉。35日目のスプリットスクワットに上体の回旋を加えたことで、前に出したほうのお尻がストレッチされる。**回旋のポイント**は頭からお尻まで串刺しになった気分。

ブルガリアのオリンピアンも鍛えた伝説のトレーニング。

1
右足の甲をイスに乗せて左脚に重心を乗せて立つ。手は胸の前でクロス。胸を張ってお尻を軽く引く。

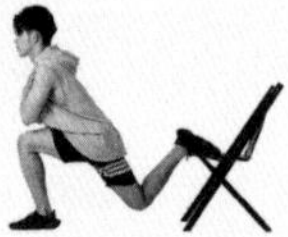

2
膝を曲げて真下にゆっくりしゃがんで**1**に戻る。上体は常に前傾のまま。左右各15回×3セット。

ブルガリアンスクワット　イスを用意！

前ももだけに効いてしまう

鍛えるべきはお尻。なのに重心の位置が違うだけで、お尻ではなく前ももがキツく感じ、鍛えられてしまう。

WATCH
this video

DAY 83

片足はイスに乗せて、片脚だけでスクワットするので、バランス力が求められる。その役割を担っているのがお尻の筋肉。カラダを前傾にして前脚に体重を乗せることを意識すれば、**前ももだけに効いてしまう**なんてエラーはなくなる。膝が極端に前に出たり、後ろ足に体重が乗ったりしないように。

キツい。しんどい。
でも、手応えが嬉しい。
さぁ、ヒップ、
ステップ、ジャンプ！

1

右足の甲をイスに乗せて左脚に重心を乗せて立つ。手は胸の前でクロス。胸を張ってお尻を軽く引く。

2

膝を曲げて真下にしゃがみ、立ち上がるときに、軽くジャンプをする。左右各15回×3セット。

かかとが浮く程度

足裏全体が離れるほど高いジャンプをしなくても、つま先は床についたままかかとだけが浮く程度でOK。大事なのは素早く立ち上がること。

ブルガリアンスクワット 軽くジャンプ

イスを用意！

WATCH
this video

84

今週を締めくくる種目は、下半身最強のトレーニングといわれるブルガリアンスクワットにジャンプをプラス。片脚のときに反対の脚の骨盤を引き上げて安定させる働きがある中臀筋には特に有効。ジャンプがキツい人は**かかとが浮く程度**でもOK。

このドキドキは恋じゃない。心拍数の高さだ！

WEEK:13

＃腹筋100日チャレンジ

Target

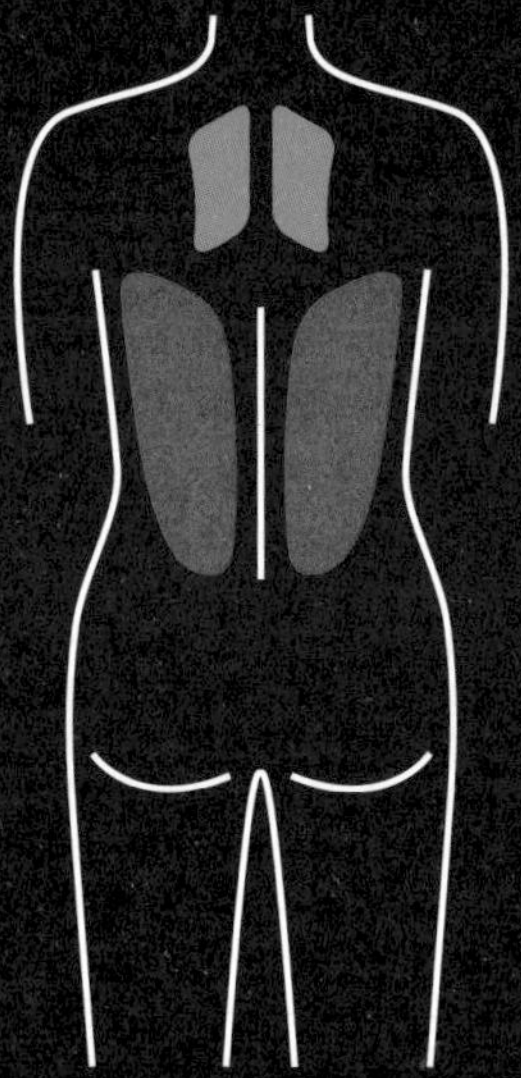

広背筋《こうはいきん》
菱形筋《りょうけいきん》

肩甲骨を挟んで下にある広背筋、間にある菱形筋。これらをとことん追い込んで引き締めれば、後ろ姿はもう別人。浮き上がった肩甲骨、くぼんで縦のラインが美しい背中になったのでは。しかも背中の筋肉が機能的に動けるようになると姿勢も整う。美しさだけでなく、肩や首のコリやハリもなくなるのでいいことばかり。

背中を動かすには
肩関節という
偉大な司令塔が不可欠。

1

脚を肩幅に開く。手の甲が前に向くようにバンザイをする。

2

腕を下ろしながら手を外側にひねって後ろに引く。同じ軌道を通って**1**に戻る。20回×3セット。

広背筋

骨盤や背骨から始まり、肩甲骨の下端、脇腹に広がる背中の大きな筋肉。何かを引っ張るときに使う。

バンザイ 腕前後

WATCH
this video

背中の筋肉を使うウォーミングアップから。肩関節をまたいで腕についている**広背筋**は、肩関節を動かすことで鍛えられる。手を上げたときは腕を内側にねじって上げる。手を下ろしたときは、腕を外にねじって後ろに伸ばすことで万遍なく動かせる。バンザイの種目は肩がすくみやすいので注意。

背中に心地よい疲労感。バックスタイルの仕上げに入った合図が聞こえる。

1

脚は肩幅に開き、胸を張ってお尻を後ろに突き出す。手の甲が前を向くようにバンザイをする。

2

手のひらを外に開きながら、肘を後ろに引いて肩甲骨を寄せたら1に戻る。20回×3セット。

お尻を引く姿勢

お尻をぷりっと後ろに突き出す。まっすぐ立つより上半身を支える力が必要なので、トレーニング強度が高まる。

ベントオーバーラットプル

WATCH
this video

肘を下に引くときは広背筋が、引ききって肩甲骨を寄せると菱形筋がぎゅっと縮まるトレーニング。**お尻を引いて股関節を曲げる前傾姿勢**で行い、体幹に負荷をかけて行うことで、姿勢保持筋も使うことができる。ただし前傾姿勢は頭から腰まで一直線になるように。

水をかきまくって
大きなしぶきを上げて、
背中に心地よいバタフライ。

1
脚は肩幅に開き、胸を張ってお
尻を後ろに突き出す。手の甲が
前に向くようにバンザイをする。

2
肘は伸ばしたまま手を外に開き
ながら腕で弧を描く。同じ軌道を
通って1に戻る。20回×3セット。

ベントオーバーバタフライ

WATCH
this video

DAY 87

85日目のバンザイは腕を振り下ろしていたけれど、今日はバタフライのように手で弧を描く動き。日常生活にはない動きなので、はじめは動きが硬いけれど、徐々に背中がほぐれてくる。頭から骨盤まで一直線になる姿勢をキープしたまま行って。

肩関節の動きを知り尽くしたら背中のラインがみるみる変わり始める。

1

脚は肩幅に開き、胸を張ってお尻を後ろに突き出す。手の甲が前に向くようにバンザイをする。

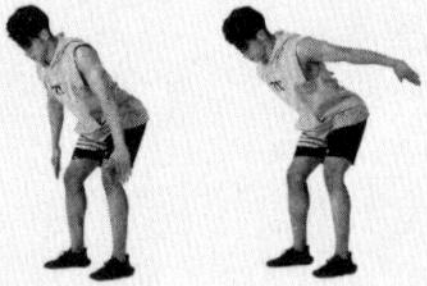

2

腕を外側に開きながら後ろに引いたら1に戻る。20回×3セット。

ベントオーバープルダウン

WATCH
this video

DAY 88

バンザイのときは腕を上げて腕を外にねじる、腕を後ろに引いたときは内側にねじっている。腕を内や外にねじったり、腕を上げ下げしたりすることで、背中の筋肉を鍛えて動かしやすくなる。鈍い動きだった肩甲骨もスムーズに動くようになれば、代謝が上がり、脂肪がつきづらくなる。

埋もれていた肩甲骨の
形がクッキリ。
「切れてる!!」と自分に
エールを贈りたい。

1

うつ伏せになり、手の甲を床につけてバンザイをする。

2

肩甲骨を寄せながら上体を少し上げて手のひらを外に向け、肘を後ろに引く。1に戻すときは手の甲が床につくように。15回×3セット。

ラットプル

背筋を鍛えるラットプル。ジムではマシンを使うけれど、自宅でもしっかり鍛えることはできる。上半身を上に上げて肩甲骨を寄せることが重要。

バックアーチ ラットプル

WATCH
this video

WEEK: 13

89

86日のうつ伏せバージョン。うつ伏せになることで重力に抵抗することになって強度が上がる。外にも内にも、上げるも下げるもこの姿勢でできれば、ずいぶん絞れてきたのでは?

ビュンと風を切って 遠心力と重力を使えば 背中がもっとラクになれる。

1

うつ伏せになり、手のひらを天井に向けて床から腕を少し浮かせてバンザイをする。

2

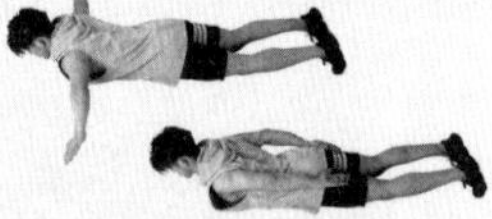

手を横に開き、腕で弧を描きながら手の甲でお尻をタッチ。同じ軌道を通って1に戻る。20回×3セット。

バックアーチ バタフライ

WATCH
this video

まさに陸上バタフライ。バンザイのときは遠心力と自分の腕の重みを使って弧を描くように腕を後ろに引く。腰を反らないように注意が必要。

私をキレイにできるのは
私しかいない。
そんな想いを込めて
本日も反る。

1

うつ伏せになり、手の甲を床につけ、手のひらが上に向くようにする。上体を床から少し浮かす。

2

上体を起こし手のひらを外側に向けて肩甲骨を寄せたら**1**に戻る。Aの文字を作るようなイメージ。15回×3セット。

バックアーチ A

WATCH
this video

うつ伏せになった姿勢からカラダを起こして人文字で「A」をつくるイメージで。背中の筋肉に作用するには、肩関節や肩甲骨をどう動かすかが重要。まず肩関節は内にねじり、上体を起こしたら腕を後ろに伸ばす。このとき腰は反らさず、あごを引くこと。

おうち有酸素で
シックスパックを浮き出させる

HIIT《ヒート》は高強度の運動を短時間、全力で行うトレーニング方法で、糖質をエネルギーとする有酸素性と、脂肪をエネルギーとする無酸素性の両方のエネルギー消費が起こります。

ウォーキングなどの有酸素運動は、ある程度長い時間行う運動なので、運動中はそこそこカロリーを消費。ただしエネルギーとなる糖質を使ってからではないと、脂肪は燃焼しづらい。また運動後は脂肪燃焼効果が収まってしまう。

一方、HIITは運動後の「アフターバーン」という現象があり、脂肪燃焼効果が約24時間続くといわれています。朝行えば1日中代謝が高い状態をキープできるのです。

本書では「30秒＋15秒休憩」で6種目を1セットとして、1セット後に1分の休憩を挟んで3セット行うことをおすすめします。脂肪燃焼効果が高まるので、結果は体重にも表れてくるはずです。

WEEK:14 +2DAYS

#腹筋100日チャレンジ

Target

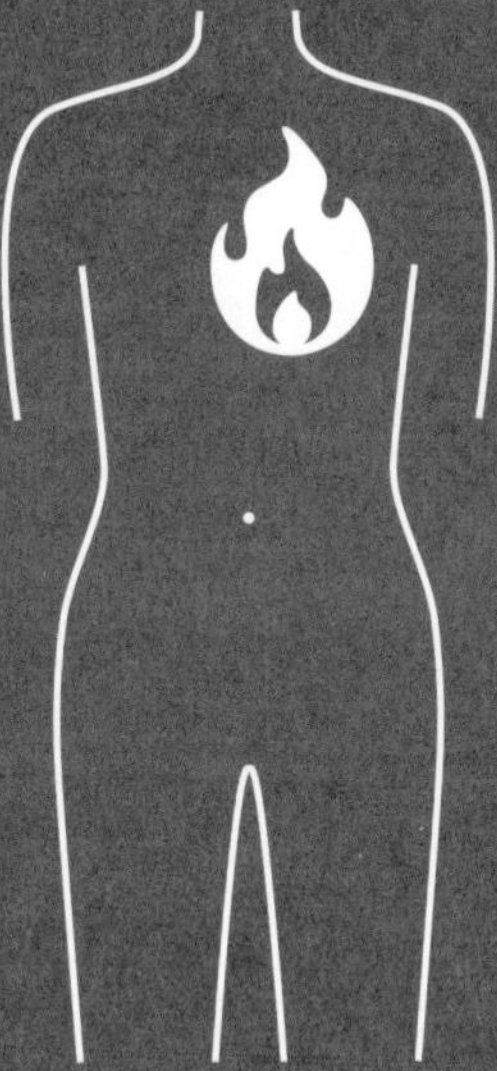

HIIT

ラストはHIITで締めくくり! HIITとはHigh Intensity Interval Trainingの頭文字とったもの。強度の高い有酸素運動を一定時間行って休息、これを繰り返す。心拍数を上げて、より脂肪の燃えやすいカラダを作るのが目的です。各種目30秒+15秒休憩を挟み、それを6セット、合計4分間行うのがベターです。組み合わせる場合は236ページを参考にしてみて。

右左、右左……
腕をつく順番が
混乱しそう？
大丈夫、30秒一心不乱で
挑めば終わります。

1

肘は肩の真下につき、つま先を立てる。頭からかかとまで一直線になるようにお腹を引き上げる。プランクの姿勢をつくったら右左の順に肘を伸ばす。

2

プッシュアップの姿勢になったら右左の順で肘を曲げ、プランクの姿勢に戻る。このとき、体幹はぶれないように。

プランク⇔ハイプランク

WATCH
this video

02

プランクとプッシュアップの姿勢を、腕の曲げ伸ばしをすることで繰り返す。腰を反らさず、頭からかかかとまで一直線になるようにするため、腹筋には刺激が入りまくり。さらにプッシュアップの姿勢では、脇の下の前鋸筋の活躍も忘れずに。

高速の腕振り、
もも上げスプリンターの
フォームを思い描いて
マネしてみる。

もも上げをする。ももが地面と平行なるまで引き上げ、腕はしっかり後ろに引く。骨盤が丸くならないようにスピードを上げていく。

ハイニー

WATCH
this video

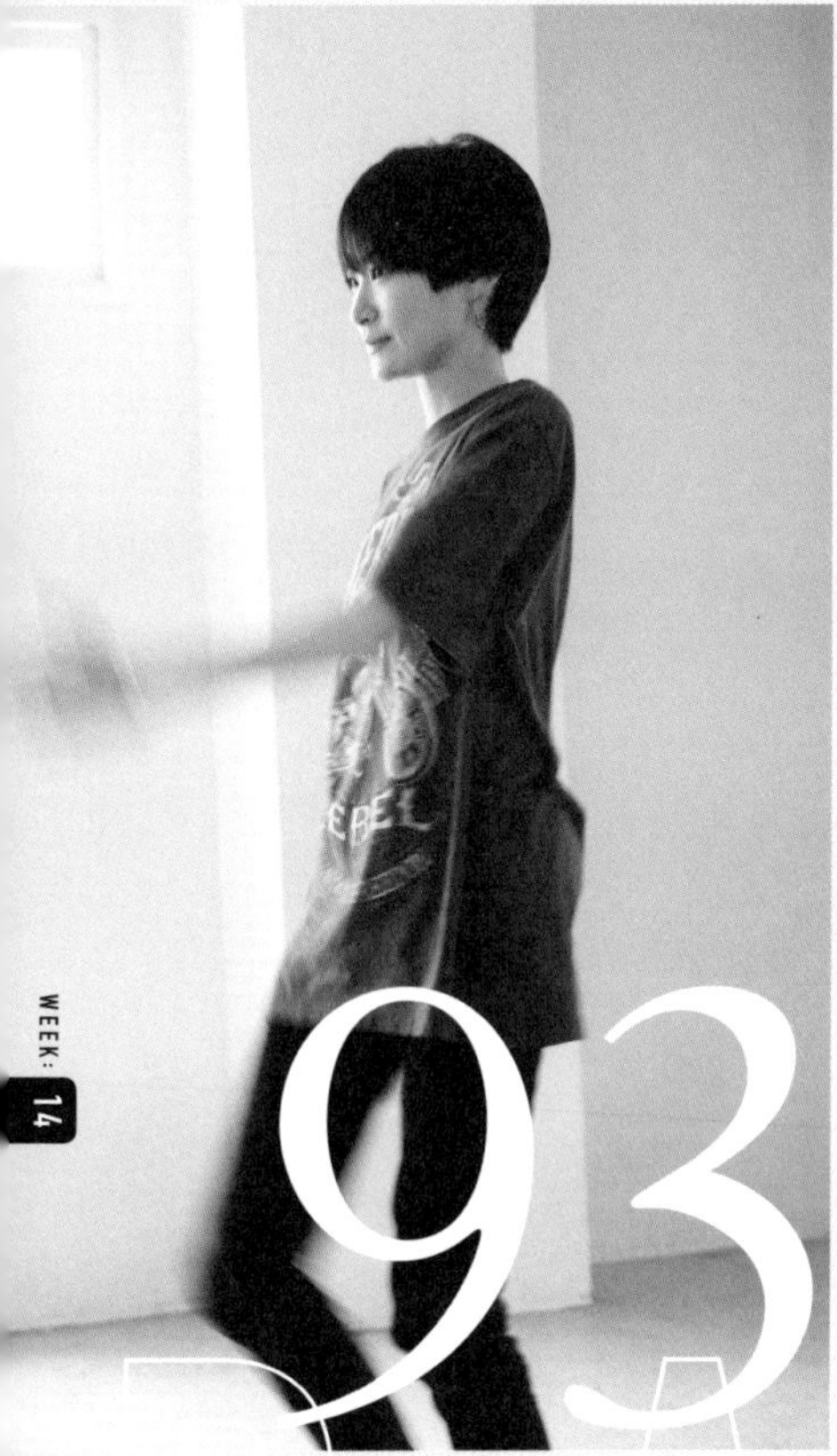

93

小学生の頃にやったもも上げ。これが大人になると案外軽々とできなくなるもの。形だけできてもダメ。陸上選手のフォームをイメージして、カラダは左右にぶらさずまっすぐ、骨盤は後傾させない、背中は丸めない、びしっと背筋を伸ばして！

おうちトレーニングなら誰も見ていないから。ゴリラポーズでスクワットを極めよ。

1

脚は肩幅より広めに開き、つま先はやや外側へ向ける。胸を張ってお尻を引いて膝を曲げる。両手の指先は床につける。

2

軽くジャンプをして頭の上で手を合わせる。

スクワットジャック

WATCH
this video

94

Y

ただでさえお尻や裏ももがキツいスクワットにジャンプがプラス。背中を丸めずにしっかりお尻を引いて、膝は外に向けてガニ股に。ゴリラになったつもりで、しゃがむときにしっかりお尻を引けばお尻への負荷はマックス。

軽やかに、大胆に
求めているのは
忍者のような身のこなし。

1

脚は肩幅より広く開き、つま先はやや外へ向ける。胸を張ってお尻を引き、腰を落とす。右手の指先は床につけ、左手は後ろに伸ばす。

2

軽くジャンプをして脚を閉じて「気をつけ」をしたら、開きながら左手の指先を床につける。

ワイドスクワットジャンプ 忍者

WATCH
this video

DAY 95

ワイドスクワットの姿勢で床に手をつき、ジャンプをして手を入れ替える。腕はシャキッと伸ばすこと。膝が前に出たり、腰が曲がったり、膝が内に入ったりすると、前ももが鍛えられてしまう。膝は外に向けてお尻を引き、狙うはお尻と裏もも。

お尻と裏ももの
トレーニングで
あなたの体幹力を
問わせていただきます。

1

左脚を一歩前に出し、胸を張ってお尻を引く。重心は前脚に乗せる。右手で左のお尻をタッチ。

2

軽くジャンプをしながら脚を入れ替え、カラダを左にひねって左手で右のお尻をタッチ。

ジャンピングランジ＆ツイスト

WATCH
this video

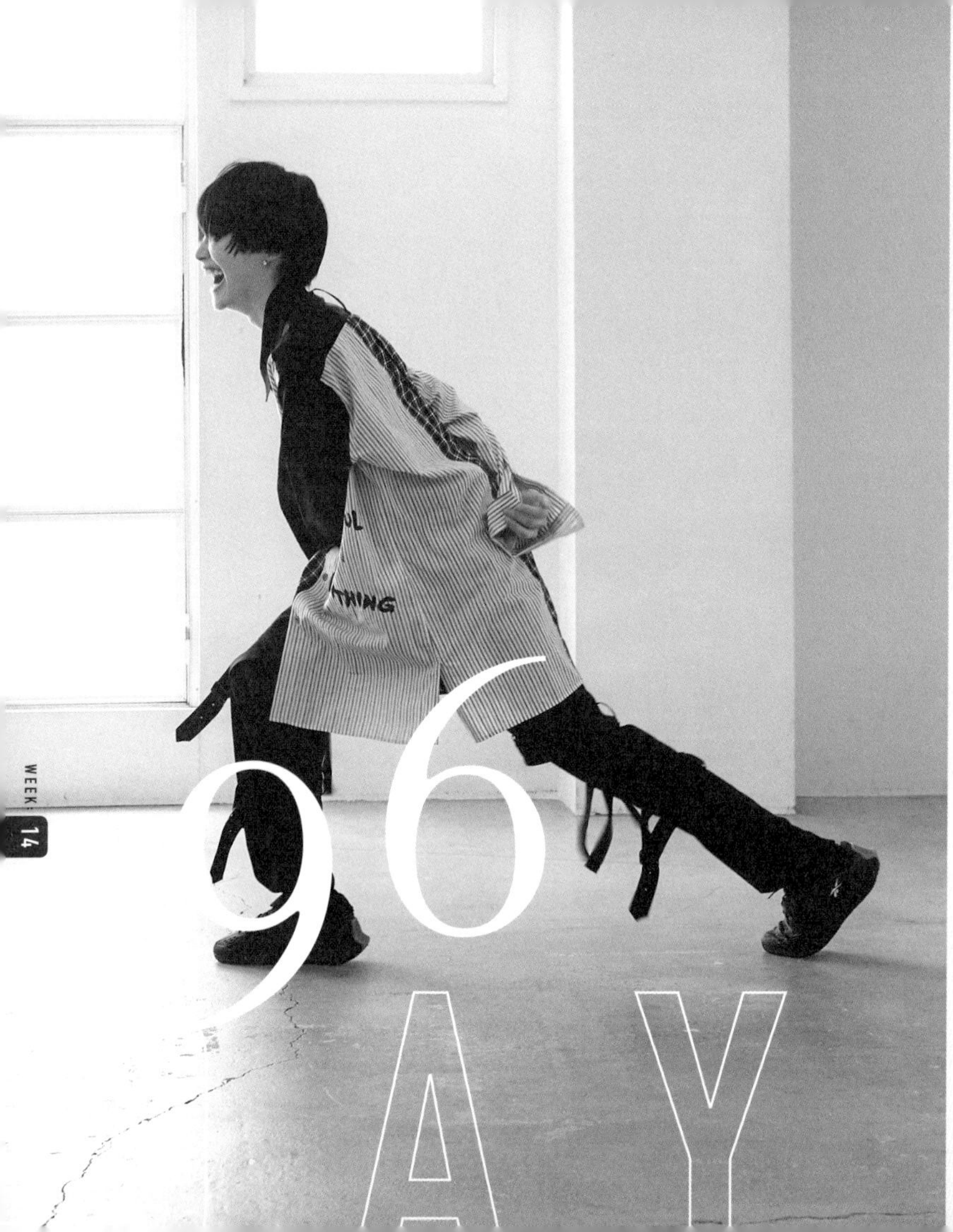

96

脚を前後に入れ替えつつしゃがむ、スクワットの進化系のようなトレーニング。さらにひねりを入れる超高難易度。上半身はねじりながらも左右にぶれないように。体幹のバランス力とともに、お尻や裏ももの筋力が問われる。

弾むように
リズミカルに足を動かせ、
トカゲのように。

頭からかかとまで一直線にしてプッシュアップの姿勢をつくる。左肘に左膝をくっつけたら、腕を軽く曲げて弾むように脚に入れ替える。交互に繰り返す。

リザードジャンプ

WATCH
this video

大きく前後に開いた脚を軽々と入れ替えて、するするっと道を横切るトカゲのような素早い動きが求められるトレーニング。上半身は腕で支えず、脇の下の肋骨につく前鋸筋を使って。脚だけと思いきや、全身を鍛えられる。

HIITといえば
この種目。
脂肪燃焼、筋力アップ、
バーピーでハッピー。

1

足は肩幅に開き、しゃがんで床に手をつく。脚は後ろに伸ばして手で床をしっかり押してプッシュアップの姿勢になる。

2

膝を胸に引き寄せて元の姿勢に戻る。軽くジャンプをして頭の上で手を合わせる。

バーピー

WATCH
this video

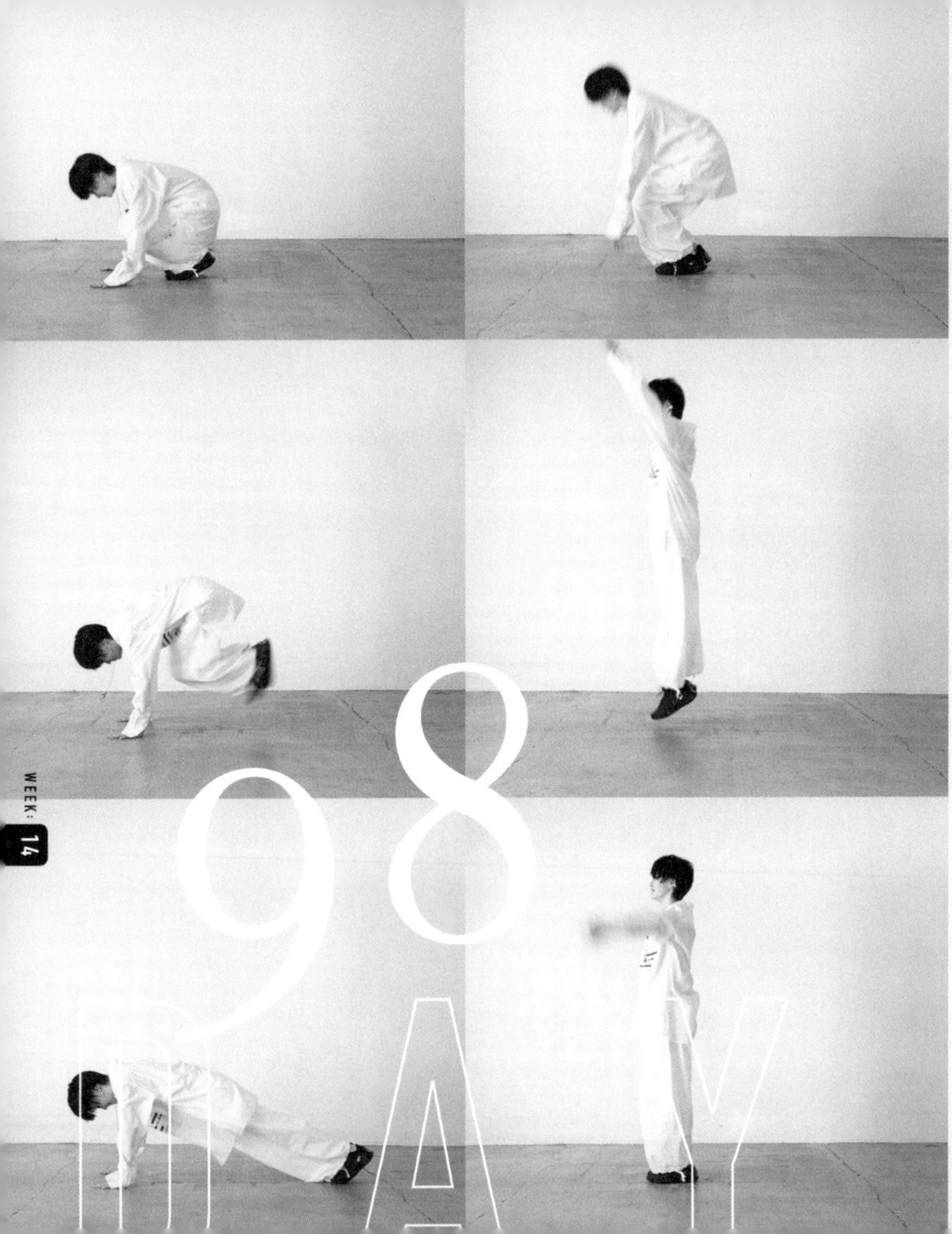

98
DAY

ＨＩＩＴの代名詞ともいえるバーピー。しゃがんだり立ったり、ジャンプしたりと要素が多いので心拍数はどんどん上がり、脂肪燃焼効果も高まる。動きが雑にならないよう、カラダを伸ばすプッシュアップの姿勢は一枚板になることを忘れずに。足音が気になる人はジャンプせず、かかとを上げるだけでもＯＫ。

いよいよ99日目。
ここまで来た
あなたは偉いよ、
本当に。

1

足を肩幅に開き、しゃがんで床に手をつく。バンザイをしながら後ろに倒れる。

2

手と脚の反動を使って一気に起き上がる。勢いよく立って軽くジャンプをする。

ローリングスタンドアップ

WATCH
this video

ごろんと後ろに転がって立つだけでしょ？ と思ったかもしれないけれど、これが思ったようにできない。特に立ち上がるところが難しい。腹圧をしっかりかけて、脚で踏ん張る。そしてバランスを崩さず真上にジャンプできれば成功。

TUESDAY

筋肉とは1%の才能と
99%の努力です。
ついに最終日。
100日間お疲れさまでした！

1
脚を肩幅に開いたら、しゃがんで
手は床につく。

2
腕は伸ばして腕立て伏せをしたら
元の姿勢に戻ってジャンプをする。

プッシュアップ バーピー

WATCH
this video

100日目を締めくくるのは、HIITでもおなじみの種目。プッシュアップで腹筋など体幹力を高め、その負荷をカラダに残したまま立ち上がる。後半はプッシュアップの姿勢が崩れやすいので、腕ではなく腹筋、前鋸筋でカラダを支えて。

Lets' try HIIT

HIITを行うとき、どれを組み合わせたらいいか、
どのくらいの強度にしたらよいか迷いますよね。
ここでは強度別に3つのメニューを紹介しますので、参考にしてください。
これ以外の組み合わせで行ってもかまいません。

上級

超脂肪燃焼型

息切れが止まらないハードなプログラム。心拍数を上げて体内の酸素を巡らせ脂肪燃焼効果を一気に高める!

- 220 ハイニー
- ↓
- 218 プランクローテーション
- ↓
- 228 リザードジャンプ
- ↓
- 164 じゃんけんレッグレイズ
- ↓
- 150 Vシット
- ↓
- 234 プッシュアップ バーピー

中級

腹筋追い込み型

腹筋を痛めつける種目の中でも、ちょっとキツめ。しかも回数ではなく30秒全力で行うので、覚悟してトライを!

- 144 バイシクルクランチ
- ↓
- 142 ハンドウォーク
- ↓
- 162 レッグレイズ
- ↓
- 154 肘つき横シザース
- ↓
- 5 バイシクル
- ↓
- 166 マウンテンクライマー

初級

初心者向け

100種目の中でも比較的強度が低めの種目をチョイス。正しいフォームで行うことを忘れずに、でも全力で!

- 32 シットアップ アームリーチ
- ↓
- 44 46 ニートゥーチェスト
- ↓
- 84 スクワット
- ↓
- 210 バックアーチ ラットプル
- ↓
- 36 ニートゥーエルボークランチ
- ↓
- 52 バイシクル 肘つき

各種目30秒＋15秒休憩×6セット

Model

中山咲月

Staff

監修／田中英明

撮影／長谷川梓

装丁・本文デザイン／木村由香利（986DESIGN）

スタイリスト／Die-co★

ヘアメイク／小松胡桃

ムービー制作／ノンキビーム

マネジメント／小山広大（テンカラット）

スペシャルサンクス／REAL WORKOUT

構成／峯澤美絵

校正／深澤晴彦

編集／野秋真紀子（ヴュー企画）

編集統括／吉本光里（ワニブックス）

衣装協力

S'YTE @syte_yohjiyamamoto

HYDROGEN @hydrogen_official @hydrogen_jp

blackmeans @blackmeans_official

Reebok @reebok

ZOOL KOUENJI @zool_kouenji

PAIKAJI @paikajiofficial

T-JACKET @tjacket_official

JUSTIN DAVIS @justindavisofficial

JACK of ALL TRADES @jack_joat

GEM KINGDOM @hpfrance_official

CLAUDINE VITRY @hpfrance_official

DELPHINE-CHARLOTTE PARMENTIER @hpfrance_official

H.P.FRANCE @hpfrance_official

IOSSELLIANI @iosselliani_jp

SERGE THORAVAL @serge_thoraval_tokyo

DR.MARTENS @drmartensofficial @drmartens_japan

GEOX @geox

diadora HERITAGE @diadoralifestyle_japan

今までいろんなダイエット試してきたけどなかなか長続きしない。結果が出ない。自分１人だと頑張ることができない。そういった経験をしてきた人は多いのではないでしょうか？

僕の持論ですが、人間は弱い生き物だと思っています。なぜなら自分との約束はすぐに破ってしまうから。

例えば、ダイエットを決意して筋トレを始めようと思っても、「仕事が忙しかったから明日からにしよう」「友達にご飯誘われたからまた別の日にしよう」などと、何かとやらない言い訳をしがちです。自分との約束を破ってしまったことで自信がなくなり、モチベーションが下がって、気がついたらダイエットをやめてしまうこともあったのではないでしょうか？

では、どうしたら長続きできるのか？

それは、そもそもダイエットを短期のイベントと思わないこと！　一緒に頑張る仲間を作ること！

時間をかけて生活習慣の見直しをすることが、理想の身カラダに近づく秘訣だと僕は思います。この本を通して、まずは運動の習慣を身につけていただけたら嬉しいです。１００日できた習慣は必ず一生続けることができます。

ツライことを１人で頑張り続けるってかなり大変なことです。１人でやってツライなと感じたときは、ＳＮＳで「#１００日腹筋チャレンジ」と検索してみてください！　きっとたくさんの仲間が同じ気持ちで毎日トレーニングしていると思います！　ぜひ、それを励みに頑張ってみてください。

規則正しい時間に３食しっかり食べて、運動して、よく寝たら必ずキレイなカラダになります！

１００日後、あなたはやりきった達成感を覚え、自信に満ちあふれたカラダになっているでしょう!!

僕の願いは、１人でも多くの方が、正しい知識を持ち、リバウンドという言葉がなくなることです。

腹筋プロデューサー　中屋和貴

腹筋DAY 100 WORKOUT

著者
腹筋プロデューサー 中屋和貴

2020年8月30日　初版発行

発行者　横内正昭
編集人　青柳有紀

発行所　株式会社ワニブックス
〒150-8482　東京都渋谷区恵比寿4-4-9 えびす大黒ビル
電話　03-5449-2711（代表）
　　　03-5449-2716（編集部）
ワニブックスHP　http://www.wani.co.jp/
WANI BOOKOUT　http://www.wanibookout.com/

印刷所　凸版印刷株式会社
製本所　ナショナル製本

定価はカバーに表示してあります。

※ 本書のメソッドは著者独自のものであり、効果・効用には個人差があります。
※ 事故やトラブルに関して本書は責任を負いかねますので、あくまでも自己責任においてご活用をお願いいたします。
※ 本書のメソッドを行うことに心配や不安がある場合は、専門家や専門医にご相談のうえお試しください。

ISBN 978-4-8470-9952-6